1日たったの90分
CDを流すだけ!

どんな子でも
バイリンガルに育つ
魔法のメソッド

船津 洋
roshi Funatsu

SOGO HOREI PUBLISHING CO., LTD

絵本教材「Hello, Mommy!」とCDの使い方

この絵本教材とCDは、2通りの使い方が出来ます。

お子さまの英語のリズム回路を作り出すかけ流し教材として、また親子で楽しめる絵本教材として、お使いいただけます。

1 CDのかけ流し教材として

CDのトラック1を、くり返しかけ流しましょう。「1日90分」が目標です。90分間まとめて流す必要はなく、数回に分けても構いません。トータルで90分を目指してください。

「低めのボリューム」でかけ流しましょう。ボリュームの目安は、BGMとして気にならない程度、静かに耳を傾ければ自然に耳に入る程度です。

食事中や読書中、遊んでいるとき、家事の最中にお子さまをひとり遊びさせているときなど、何か他のことをしているときに「BGMとして」流れていれば結構です。集中して聞く必要はありません。ご家庭内に、自然に英語の音が流れている環境を作り出しましょう。

point ご家庭のCDプレーヤーに「リピート機能」があれば、トラック1のみを繰り返し流すようにしましょう。歌や踊りだけに偏らず、全体をまんべんなくかけ流すのが理想です。

2 お子さまとの英語タイムの絵本教材として

CDのトラック2〜18には、それぞれのExerciseに対応した内容が収録されています。ページを見ながら歌ったり、踊ったり、単語のカードを一緒に指さしたり、お話の挿絵を一緒に眺めたり、親子の英語タイムの素材としてお使いください。

point イラストを指し示すのは構いませんが「文字を指で追う」のは左脳的な取り組みなので避けましょう。

Track1	Exercise1〜7［かけ流し用］（15:19）	Track10	Colors（0:40）
Track2	Hello Song（0:27）	Track11	Good Morning（1:35）
Track3	Good-bye Song（0:44）	Track12	Having Breakfast（1:08）
Track4	This Little Pig Went to Market（0:29）	Track13	Helping Mommy （1:08）
Track5	Skidamarink（0:53）	Track14	Taking a Walk with Mommy（1:14）
Track6	ABC Song（0:40）	Track15	Daddy Comes Home（0:57）
Track7	Animals（0:37）	Track16	Dinnertime（1:11）
Track8	Clothing（0:37）	Track17	Bath Time with Daddy（1:04）
Track9	Numbers（0:37）	Track18	Good Night（1:07）

まえがき

本書をお手に取っていただき、誠にありがとうございます。

「バイリンガル」という言葉を耳にしてどんなイメージを持ちますか?

テレビに出てくるバイリンガルのタレントやスポーツ選手が、颯爽と英語を使いこなしているのを見ると、素敵だなと感じる方も多いでしょう。

また、バイリンガルになれたら、海外でも普通にコミュニケート出来たり、洋画を字幕なしで楽しんだり、外国人の友達もたくさん出来たりするだろうと、そんな夢を抱く方も多いでしょう。

ワクワクするような素敵なイメージを「バイリンガル」という言葉に感じる方もいらっしゃるかも知れませんね。

「バイリンガルになりたい人は手を挙げてください」とお願いしたら、きっと、ずいぶんたくさんの方が、手を挙げられるのではないでしょうか。

そして、その願いを叶えようとして、いろいろな英語教材を買ったり、英会話教室に通ったりした方も少なくないと思います。

でも、なかなか英語は身につけられないのです。

そうなのです。残念なことに、ほとんどの方が英語を身につけられないのです。そこで「せめて我が子には」と切実に願うのは、かわいい子どもの将来を考える親として当然です。


しかし、バイリンガルになるということは、そんなに難しいことなのでしょうか？


結論から言えば、幼児期・児童期であれば3年程度で、比較的簡単にバイリンガルに育てることが可能です。

なぜなら、どんな子でも、日本語（母語）を自然と身につけてしまうほどの「驚異的な言語獲得能力」を秘めて生まれてくるからです。特に幼児期ならば、親がCDなどを使って「英語の環境作り」をするだけで、子どもは勝手にバイリンガルに育ってしまうのです。

今日、子どもたちを取り巻く教育環境は、決して恵まれたものではありません。私が学生だった頃は、中学1年生の2学期で大半の子が英語の授業で落ちこぼれ始め、3学期では決定的になっていました。これは、昔の話ではありません。今日でも、中学2年生で「英語が苦手」と感じる子が6割もいるのです。

しかし、英語は、大学受験で他教科の2倍の配点が割り当てられるほど、重要視されています。中学2年生で英語を苦手と感じるような子たちも、受験に向けて必死に英語の勉強をしなくてはなりません。それが現実なのです。

また、大人になってからも、就職や昇進に英語力が響いてきます。もはや「英語は苦手」などとは言っていられないのです。

私たちは30年間にわたり、教室や通信指導を通して、幼児・小学生たちにバイリンガル教育を実践し、無数のバイリンガルたちを育ててきました。

中学1年生で英検1級、小学1年生で2級や準2級に合格する子どもたち、さらには年長さんで英検準2級合格という子もどんどん育っています。そして、この子たちは中学・高校の受験英語に煩わされることなく、東大をはじめ、慶應・早稲田など一流大学へと進学していくのです。

そんな日々を送る中、受験や就職などで英語が「足かせ」とならないよう「ひとりでも多くの子どもたちをバイリンガルに育てる方法」を常に研究して参りました。親に英語力を求めたり、大変な苦労を強いたりするような学習法では、誰もが成功できるわけではありません。

本書では、限りなく手軽で、どなたでも簡単に実践出来る「お子さまをバイリンガルに育てる」メソッドをご紹介します。

お子さまのバイリンガル教育を、ここからスタートしてくださる方が、ひとりでも増えることを願っております。

船津　洋

もくじ

1日たったの90分 CDを流すだけ！
どんな子でもバイリンガルに育つ魔法のメソッド

2章　どうやって言葉は身につくの？

3章　英語が身につく魔法のメソッド

4章 「文章を読んで理解する力」を育てる

5章 子どものすごさは、こんなところにある

★ カバーイラスト・本文まんが‥まつやま 登 /ad-manga.com
★ 協力……………………株式会社 トレンド・プロ
★ 英文スクリプト…………村上 由真、Steve R.Kawachi
★ 絵本教材イラスト………石川 朗、野島 明日香
★ ブックデザイン…………土屋 和泉
★ 本文 DTP………………横内 俊彦

1章

子どもは 語学の天才です!

1 言葉を身につけるのに最良の時期

「外国人から日本語で道を尋ねられたのに、答えるどころか逃げてしまう」という笑い話もあったほど「日本人は英語が苦手だ」と言われてきました。

もっとも、最近では外国人を見かける機会が増え、話しかけられただけで逃げだすようなことはないでしょう。

外国からの観光客も増え、日本で働く外国人も、どんどん増えています。身近なところでは、英会話学校の先生がいます。また、小学校で英語の授業が始まり、アシスタント役の外国人の先生（ＡＬＴ：Assistant Language Teacher）が多く必要になっているのもひとつの要因でしょう。

逆に、私たちが海外へ出かける機会も増えました。ひと昔前に比べ、海外旅行はずいぶん身近なものになり、平成22年には1600万人もの日本人が出国しています。おかげで外国人に対する抵抗感も薄れてきたのでしょう。

これだけ外国人を目にしたり、彼らと接したりする機会が増えた今では、昔のよ

うな外国人に対するコンプレックスは、もはや消え去ったと言っても良いでしょう。英語を話すことに対する苦手意識や抵抗感も相当薄れてきたのです。

しかし、私たちの英語力は？　となると、依然として心許ないですね。

私たちは、最低でも中学校で3年間は英語に触れます。高校へ進学すればまた3年、大学なら学部によってはさらに4年。つまり、短い人でも3年間、長い人だと学生の間だけで10年以上英語を勉強している計算になります。

昨今は、学力低下が叫ばれていますが、かつて日本の子どもたちの学力は世界屈指のものでした。そんな優秀な頭脳と日本人の勤勉さをもってすれば、英語くらい身につけられるはずです。

しかし、中学から大学まで勉強しても、英語を使いこなせる人はほんのわずかです。

一体どれだけの確率で、英語を身につけている人がいるでしょうか。試しに周囲を見回してください。悲しいことながらバイリンガルの方はほとんどいないか、いてもほんの数人ではないでしょうか?

しかし、私たちは「語学」が不得意なわけではありませんね。私たち日本人は、当然のように日本語を身につけています。あなたも、日本語の日常会話で困ったことはないでしょう。

なぜ、英語はダメで、日本語はうまくいったのでしょうか?

それは、言語を身につけるための最良の時期に、日本語を身につけたからなのです。その時期とは「幼児期」です。

2 中学からの英語、苦労しませんでしたか？

「社内公用語は英語」という日本企業はまだ稀ですが、ビジネスの世界では、もはや英語力の必要性を無視できないご時世です。世相を反映してか、小学校でも英語の授業が始まりました。

小学校英語の導入が議論されていた当時は、賛成はもちろん反対意見もありました。「日本語がおかしくなるから英語は不要」とか、中には「日本人だから不要」というご意見もあったようです。

小学校からの英語教育に反対するご意見の中で、ひとつ気になることがあります。それは、英語に堪能な方が「中学校からの英語教育で十分だ」と主張される点です。

確かに、中学からの学習で英語を身につけ、世界中で活躍されている日本人はたくさんいますが、残念ながら、身につけられなかった人の方が圧倒的に多いのが現実です。

ところで、あなたが中学生になったばかりの頃のことを思い出してみてください。

少し大人になった気分で、期待に胸をふくらませて教科書を受け取ると、そこには英語の教科書がありました。

最初から英語が嫌いだという子はいたでしょうか？　最初はみんな英語に興味があったはずです。

クラスに何人かは、英語が大好きな子がいませんでしたか？　そういう子たちは、自ら積極的に英語に接するようになります。

勉強だけでなく、洋楽や洋画に興味を持ったり、英会話に取り組んだりしていきます。苦手意識がなく、どんどん英語を吸収していけます。「好きこそものの上手なれ」ですね。

ところが、ある調査では中学2年生の6割が「（興味はあるけれど）英語は苦手」という結果が出ていました。残念なことに、大半の子たちは途中であきらめてしまうのです。

中学生から英語を教え始める最大のデメリットは、このように「教科のひとつ」として「英語が苦手な子」をたくさん生み出してしまうことです。

英語はあくまでも言語です。その点においては日本語と何ら変わりません。「教科としての国語」が苦手な人でも「言語としての日本語」が苦手だと感じる人はいないでしょう。

そう考えると、大きくなってから英語を教科としてポンと与え、あとは子ども本人の努力に任せる、というのはあまりに酷だと思いませんか？

もしかするとあなたも、中学生の頃、英語を苦手な教科に挙げていたかもしれませんね。

そんな英語も、幼いころから触れていれば、あきらめや苦労は一切なく、母語のように身につけることが出来るのです。

3 実践では「文法」よりも「リスニング」

私たちは、ずいぶん文法を習ってきました。現在形に始まり、完了形、仮定法、不定詞、関係代名詞などなど、いくつも挙げられますよね。"go went gone" "run ran run" などの不規則変化は、苦労して覚えた経験がありませんか?

さて、これらの文法学習。お仕事で英文メールのやりとりをしたり、洋書や英字新聞を読んだりするのには、大いに役に立つでしょう。

しかし、普段あまり英語と縁がない方にとってはどうでしょうか?「受験には役に立った……」くらいかもしれません。

ところで、日本人なら誰でも学ぶ英文法ですが、英語を話すネイティブたちにとってはどうなのでしょうか。

アメリカ人も、中学生くらいになると「正しい文法」で話すように注意されますが、実際は結構めちゃくちゃな文章で話します。

たとえば、あるとき小学校高学年の男の子が"I've saw that!"（それ見た！）と言いました。これは明らかに文法ミスです。正しくは"I've seen that!"ですが、

この程度は日常茶飯事です。

大人でも"I don't have no～"などと言うことがあります。これも正確には'no'ではなく'any'となるはずです。

"With whom?"(誰と?)と言うべきところを、"With who?"と言ってしまうのも珍しくありません。

もちろん作文などの文語となれば、話は別です。細かい点までチェックされますし、書く本人も気をつけます。しかし**口語なら、文法の間違いなどあまり気に留めず、特に若い人たちの間では、問題なく会話として成立してしまうのです。**

"I used to play the guitar."(ギターを演奏したものです)

この'used to～'という表現、学校では「～したものだ」という訳で習ったはずです。

以前、アメリカのとある大学の1年生に、この'used to'のつづりを尋ねたところ、多くの学生が'use to'と書いていました。

この例に限らず、アメリカの大学生でも間違えるような英文法を、日本では、高校生でもたくさん知っています。

しかしその一方で、アメリカの幼児が話す程度の内容でも、多くの日本人は聞き取れないし、理解出来ません。どうもちぐはぐですね。

果たして、私たちが英語を学んできた順序は正しかったのでしょうか？

4 あっという間に言葉を身につける赤ちゃんたち

大人は、ひとつの新しい「言語」を身につけるために、ずいぶん苦労しますが、幼児たちはどうでしょう。

たとえば、日本語という「言語」は、生まれたての赤ちゃんにとって、どんな存在なのでしょうか？

まず、生まれたばかりの赤ちゃんが日本語を聞く時の状態と、日本人の大人が英語を聞く時の状態とではまったく異なります。

大人は、英単語や英文法をたくさん知っています。英語の歌を口ずさんだことだってありますね。でも、英語を聞き取れず、意味も分かりません。そして「日本語」という言語を、すでに身につけています。

一方、赤ちゃんにとっての日本語は、もっとワケの分からないものです。そもそも、まだ母語も身につけていないので、大人が「英語は分からない」というように、赤ちゃんが「日本語が分からない」と感じたり、考えたりすることはありません。

たとえるなら、こんな感じでしょうか。

あなたが今まで耳にしたことのない「未知の言語」を、初めて聞いたと想像してみてください。モンゴル語、アラビア語、何でも構いません。

まったく聞き取れず、意味も分からず、どこからどこまでがひとつの単語なのかすら、見当がつかないことでしょう。

赤ちゃんたちは、そんな状態で日本語に接します。それでも、生後半年頃には、自分の名前を呼ばれれば反応するようになり、1歳頃には、「お買い物に行くよ」と言えば玄関に来るようになります。

日本人の子が日本に育てば、当たり前のように日本語を身につけます。同じく、アメリカ人なら英語を、フランス人ならフランス語を、中国人なら中国語をというように、どんな子も母語を身につけていくのです。

英語、フランス語、中国語……。学生時代に膨大な時間を割き、四苦八苦しながら勉強しても、聞き取りすらままならない外国語です。

しかし、**赤ちゃんたちは生まれてわずか2～3年の間に、初めて耳にする未知の**

言語を、ある程度のレベルまで身につけてしまいます。

気がつけば、日本語を正しく聞き取り、理解し、日本語で思考し、さらに日本語で反応するところまで育っているのですから、まったくうらやましい話ですね。

5 親が出来ないとダメでしょうか？

お子さんに英語を身につけさせるために「親の英語力」は不要です。

大切なのは「英語の環境を作り続けること」。英語の環境作りは、ＣＤなどの音源を活用すれば十分可能です。

むしろ、少々英語が得意な親御さんが気まぐれに英語で語りかけたりするよりも、きちんと内容を厳選してある英語のＣＤに任せてしまう方が、語学環境としては恵まれています。

「うちは夫婦そろって英語が苦手だから……」などとあきらめる必要はないのです。

「子どもの能力に任せて、私はCDのスイッチを入れるだけ」と開き直れば、英語が出来る親御さんより、苦手な親御さんの方が英語教育に適しているかも知れません。

英語に堪能な親御さんの中には、ご自身が積極的に参加される方がいらっしゃいます。とても結構なことです。英語の絵本を読んであげたり、英語であいさつを投げかけたり、この程度ならばプラスの効果はあります。

しかし、度を超すといけません。

英語に自信があれば、文法や発音の正確さも気になるのでしょう。そこで、文法を正したり、口の形を見せて発音指導をしたり。エスカレートして、わずか2歳の子にむかって発音矯正を始めてしまう方もいました。

まだ日本語の発音もおぼつかないのに、英語の発音だけはきっちり指導する。お子さんとしては、たまったものではありませんね。

また、以前こんなエピソードがありました。

お母様いわく、お子さんは「R」の発音が苦手なのだそうです。そこで、お母様が「赤はゥレッドではなくてレッドよ」とご指導されたとのこと。

お母様は、お子さんが「R」を発音する時小さく「ゥ」を頭につけるのが気になっていたようですが、「R」の発音は舌を緊張させるので確かに小さい「ゥ」が聞こえます。

そうです。お子さんの方が正しく発音していたのです。

このお母様は「R」の発音を教えているつもりが、実際には「L」の発音を押しつけてしまいました。

やはり、言語獲得は子どもの能力に任せてしまった方が賢明ですね。

6 お金をかけたのに英語がしゃべれない！

大人が英語を身につけようと思ったら、かなりのコストと労力を覚悟しなくてはいけません。

世の中には、多種多様な英語教材がありますね。インターネットで無料入手できるものから、テキスト、ＣＤ、ＤＶＤ、ＰＣソフトなど値の張るものまで、それこそ数え切れません。

学校の勉強以外に、こうした教材を自発的に使うのですから、私たちはかなり英語学習に熱心だと言えるでしょう。

英会話学校も一般的ですね。英会話学校は、ちょっと通ったくらいではどうにもならないので、何度もレッスンに通うことになります。

また、海外留学も盛んです。公的留学のほか、プライベートで留学される方もいらっしゃいます。ビザ無しで行ける短期留学も、身近なものになりました。

年間の投資額を考えてみると、教材でも数万円単位、英会話学校に通えば数十万円単位です。留学となれば軽く100万円以上かかりますね。

留学すれば、さすがに英語は身につくだろうと思いませんか？　ところが、留学も目標の定め方によって、ずいぶん成果が異なるようです。

アメリカの大学には、外国人向けの英語コースを併設しているところが多く、世界各国からの学生が集まります。ここで英語力不足を補ってから、学位を取るための専門的なアカデミックコースに入るのです。彼らは、大抵1～2学期でアカデミックに移っていきます。

そんな中、日本人は「語学留学」を目的としている場合が多く、要するに「アメリカで勉強している」だけで目的が達成されてしまうことが多いのです。

しかも、今ではどこの大学にも日本人が大勢います。日本人同士で固まってしまい、アメリカ生活には慣れたけれど英語は一向に出来ないということもあるようです。

それにしても、英語とは、ずいぶんお金をかけてもなかなか身につかない「高嶺の花」のようですね。

それに引きかえ、多くの親御さんたちは、お子さんに母語としての日本語を身につけさせるために、金銭的コストや労力をかけているわけではありませんね。

中には、赤ちゃんの頃から、ひらがなのチャートを壁に貼ったり、フラッシュカードで単語を教えたりされる、熱心なご家庭もあるかも知れません。

しかし、母語に関しては、専用教材や幼児教室での早期教育をまったく受けていない子どもたちでも身につけてしまいます。つまり、**母語を身につけるのにかかるコストは、限りなくゼロに近い**と言えるでしょう。

7 子どもが言語を身につける確率は100%

あなたは、お子さんを授かった時にどんなことを感じましたか？「健康で無事に生まれて欲しい」と願ったのではないでしょうか？

子どもに対する親の願いや期待は、ある時期までは年齢と共に高まっていきます。無事に生まれてくれたなら、次は「優しい思いやりのある子に育ってもらいたい」とか「賢い子に育ってもらいたい」と願うかも知れません。

英語についてはどうでしょうか？

今後、交通や物流、通信手段がますます発達し、世界はどんどん小さくなっていくでしょう。そんな将来を考えると、コミュニケートの手段としての英語力が、より一層問われることは間違いありません。

そんな環境ですから、子育て中のお父さんとお母さんが、お子さんに「英語を身につけてもらいたい」と願うのは、ごく自然なことですね。子どもの将来を憂えるのは当然の親心です。

では、お子さんの日本語力について願ったことはありますか？「日本語を身につけてほしい」とか「隣の子より上手な日本語を」などと考えたことはあるでしょうか？

生まれたばかりの赤ちゃんを前に、いろいろな願いはありますが、日本語について心配する親はいないでしょう。なぜなら日本で育てば、極端に言えば放っておいても、子どもは日本語を身につけてしまうと知っているからです。

では、確率はどうでしょう。お子さんが日本語を身につける確率は「半々」ですか？「十中八九」でしょうか？　その確率など考えたこともないのが普通なのです。

確かに、おしゃべりな子や積極的な子がいれば、寡黙な子や慎重な子もいます。しかし、それは程度の差で、**3歳の段階での言語能力（日本語を聞き取り、理解して、思考する）という点においては、子どもたちの差はほとんどない**と言っても過言ではないでしょう。

幼児期の言語獲得の段階までは、個人差はないに等しく、100人いれば100人が日本語を身につけてしまうのです。

大人は10年かかっても外国語を身につけられないのに、赤ちゃんたちはほとんどひとり残らず、初めて耳にする日本語（母語）をわずか3年ほどで身につけてしまいます。

これは形容しきれないほどすごい能力です。赤ちゃんたちはそれ程のことを、あっさりとやり遂げてしまうのです。

8 「どの国」「誰の子」は関係ない

日本人の赤ちゃんだからといって、生まれながらに日本語の回路を受け継いでいるのではありません。

アメリカに移住した日本人の二世、三世を例に考えてみましょう。

日系二世といっても、移り住んだ段階で日本語を身につけていれば、日本語と英語の両方を話せるように育ちます。

現地で生まれた二世も、家庭内では日本語で話すことが多いので、自然と日本語も身につけます。「家庭内では日本語、外では英語」と、言語を使い分けるバイリンガルですね。

しかし、三世になると話が違います。

同じ二世同士で結婚したとしても、生活の場はアメリカですので、普段は主に英語を使います。当然、学校教育も英語で受けていますから、相当努力しない限り、日系二世（親）の日本語力は、日本に住む同年代よりもかなり劣ってしまうでしょう。

このように、親たちも英語がペラペラなので、常に意識しないと、家庭内での会話は英語ばかりになります。つまり、その家庭に生まれた三世たちは、血は純粋に日本のものであっても、日本語がほとんど存在しない環境に育つことになります。

すると、彼らは日本語を身につけられません。いくら日本人の血を引いていても、日本語がまったく与えられない環境に育てば、赤ちゃんたちは日本語を身につけられないのです。

また極端な例ですが、日本にいながら、ご両親とも英語で語りかけ、英語の教材やアニメばかり与えて育てるご家族があります。すると、英語は話せるものの、日本語の理解や会話が苦手なお子さんが育ってしまいます。

適度に英語教育をするくらいなら、日本語の能力にはまったく影響しませんが、親からの語りかけまでも英語にしてしまうと、このようなことが起こり得ます。

こうしてみると、「日本人だから日本語」を、または「日本に生まれたから日本語」を身につけるのではないことは明らかですね。

幼児たちが身につける言語に、最も大きく影響するのは人種や血筋、国籍などではありません。「幼児期に日常的に身の回りにある言語環境」が、それを決定づけるのです。

9 赤ちゃんだけにある不思議な能力

生まれたての日本人の赤ちゃんは、母親や父親、周囲の人たちが発する日本語を、ただ耳にしています。

でも「何を話しているのだろう」などと考えながら、耳を傾けているわけではありませんね。好むと好まざるとに関わらず、赤ちゃんは、耳に入ってくる日本語にひたすらさらされ、漫然とそれを耳にしているだけです。

ところで、アメリカ人は英語しか話さないような印象がありますが、現実はバイリンガル率が高く、実に7人に1人がバイリンガルと言われています。そのためか、幼児の言語獲得に関する研究も盛んに行われています。

ウィスコンシン大学のジェニー・サフラン（Jenny Saffran）教授の研究室では、言語に対する幼児の反応を調べる実験が行われています。

まず、赤ちゃんたちが遊んでいる部屋で、実験のために作られた何語でもない人工的単語の音声を、何度か流します。次に実験室で、その何度か聞いた人工的単語と、さらに、聞かせたことのない人工的単語を聞かせ、赤ちゃんがどのように反応するかを観察します。

すると、赤ちゃんたちは、何度か聞かせた単語よりも初めて耳にする単語に対して、より長い時間興味を示し続けた、という結果が出ました。

教授は「生後数ヶ月の幼児たちが、漫然と音を聞き流しているのではなく、何らかの学習をしている」と結論づけています。

また、この実験に登場した赤ちゃんたちは、「この単語は初めて聞くから覚えておこう」とか「この単語は聞いたことがあるからもう聞く必要はない」などと考えながら、耳をそばだてて聞いているのでしょうか？　そんなことはありませんね。

幼児たちの脳では、無意識のうちに、このような言語に対する処理が行われているのです。

つまり、**赤ちゃんたち自身は何もしていなくても、脳のプログラムが勝手に働いて、苦もなく日本語や英語を身につけてしまうわけです。**

大人が何年も必死に勉強して、英語ひとつ身につけられないのとは対照的ですね。

10 英語を学ばせると日本語がおかしくなりますか？

「英語教育によって日本語がおかしくなりませんか？」というご質問をいただくことがあります。

どうやら「母語が確立しないうちに他の言語教育を始めると、両方共ろくに身につかない」と聞きつけ、不安になられたようです。

しかし、もし「小さい頃から2ヶ国語で育てると、どちらの言語も身につかない」のであれば、国際結婚されたご家庭のお子さんたちは、どのように育つのでしょう。日本語と英語、両方ともダメな子が育ってしまうのでしょうか？　そんなことは、決してありませんね。

母語が違うご両親の間に生まれ育ったお子さんも、母語（育つ国によって異なりますが）に関して、他のお子さんに劣るようには思えません。

それどころか、2つの言語を話すバイリンガルの子どもたちは、ひとつの言語を話す子どもたちに比べ、会話を理解する能力が高いという実験結果もあります。これは、0～3歳代にかけての言語環境に目を向けると理由が分かってきます。

実は、赤ちゃんが母語を身につけるために、それほど大した言語環境は必要ありません。1日24時間のうち、赤ちゃんたちはどれだけの時間、日本語を耳にしているでしょうか？

少し前の日本では、大家族や3世代同居も珍しくはありませんでした。それに比べて、現代は少子化・核家族時代、家庭内の言語環境は劣っていると考えられます。日常的に日本語情報を発信するのは、主に母親だけという家庭も多いでしょうし、テレビやラジオの音にしても、赤ちゃんのいるご家庭で四六時中鳴っているということはないでしょう。

それでも、子どもたちは、ほぼ100％の確率で日本語をいつの間にか身につけてしまいます。

実際、赤ちゃんたちに与えられる「言語情報」は、ぎゅっと凝縮してしまえば1日に1～2時間ほどでしょう。その程度の情報で十分なのです。

国際結婚の場合、赤ちゃんは両親の話す情報から、その言語を身につけられます。

たとえば、外国人の父親を持つ日本のご家庭に育てば、父親の語りかける言葉から言語回路を構築し、その言語をも理解するように育ちます。

このようなケースでは、両親が異なる言語を話すことによって、それぞれの情報量が減るのではなく、それぞれの必要十分な情報量が与えられる、と考えることが出来ます。幼児の脳には、わずかな言語情報で充分なのです。

つまり、日本で日常的に日本語で語りかけながら育児をし、それにちょっと英語の環境をプラスしたからといって、日本語がおかしくなることなどあり得ません。

逆に、英語の絵本や物語を与えてあげることによって、親子の会話の機会やトピック、触れ合いが増えます。英語教育をすることによって、日本語にも好影響を与えるのです。

日本語がおかしくなることなどありません。安心して英語教育を実践しましょう。

11 実は、バイリンガルって結構いるのです

日本では、２０１１年度から導入された小学生への外国語教育ですが、世界に目を向ければ、もうそんなことはアタリマエになっています。

中国、韓国に続き台湾でも、２００５年には小学校での英語教育が必修化されていますし、ＥＵでは第一外国語、第二外国語まで小学生の必修科目です。世界中の人たちとのコミュニケート能力が、ますます求められている今、未来に向けて、国家として当然の対策ではないでしょうか。

「バイリンガル」という存在は、日本国内では珍しい存在なのでしょう。確かにあまり出会いません。

ここ数年、毎年６万〜８万人の日本人が海外に留学しており、累計すればかなりの人数になります。また同時に、１００万人を超えるバイリンガルの日本人が、海外で活躍しています。さらにその子息たちが、現地の子どもたちと一緒に学んでいることを考えれば、日本人のバイリンガルはそれほど珍しくないのかもしれません。

少し外に目を向けてみると、バイリンガルはごく普通の存在です。

アジアの国々でも、母語と英語を話す人は珍しくなく、シンガポールではなんと4ヶ国語が広く使われています。

北アメリカを見てみると、合衆国でも、地域によっては店の看板やメニューが2ヶ国語で記載されているほど言語が混在していますし、カナダには、英語とフランス語が公用語として平等に使用されている地域もあります。

EUでは、多くの国々が経済圏として垣根なく活動しているため、バイリンガルか、それ以上の言語能力が求められています。

このように、世界を見渡せば、バイリンガルは決して珍しい存在ではありません。

そして、「2ヶ国語教育を施すと、どちらの言語も充分には身につかない」という意見も、バイリンガルたちを前にしてはまったく説得力がありません。バイリンガルの言語能力は、1ヶ国語しか話せないモノリンガルよりも低いどころか、むしろ思考や表現、理解の幅が広い分、高いと言えるのです。

12 「幼児期からの英語教育」に対する周囲の声

「十人十色」と言いますが、まさに一人ひとり「教育」に対する考え方は異なります。

新聞や雑誌、テレビやインターネットなどのメディアで、教育問題が取り上げられる機会が増え、大学教授や有識者、文化人と呼ばれる方やアナウンサーが、いろいろな意見を述べています。

「英語教育」に対する意見も賛否両論。大賛成の方がいれば、大反対の方もいます。以前、あるテレビ番組で「幼児期の英語教育は、遊びの中で自然に触れさせるのが良い」とおっしゃっている大学教授がいました。「遊びの中で英語を」と言うのは簡単ですが、英語は複雑な体系なので、実際に教育プログラムとしてそれを具体化するのはとても難しいのです。現に、小学校の英語担当の先生方は、相当苦労されているようです。

いろいろな意見を総合してみると、どうも「幼児の英語教育」に世間の視線は冷たいようです。「小さいうちから英語を教えるなんて可哀想」というご意見もたまに見受けられます。「嫌がる子に英語を教える親の姿」を想像しているのかも知れませんね。

実際はCDをかけ流したり、絵本を読んであげたりする程度で、子どもたちもそれをつらいとは思っていないでしょう。

しまいには「教育より愛情が大切だ」「英語より日本語を」などと締めくくられてしまっては、悲しくなってしまいます。

そもそも、教育と愛情は天秤にかけるものではありません。日本語が大切なのも言うまでもありません。そのことは皆分かっている上で、英語も大切なのです。

親は、子どもへの「愛情」にあふれているからこそ、わが子の将来を考え、「わが子には、英語の勉強に煩わされず、より豊かな人生を切り開いてもらいたい」と願います。だからこそ、可能性に充ち満ちている幼児期に、その時にしか出来ないことをしてあげようと思うのです。

「わが子の将来」の責任者は親です。人の意見もたまには拝聴し参考にしつつ、わが子の教育方針は自信を持って自分たちで決定すれば良いのです。

13 日本語も英語も、赤ちゃんにとっては同じもの

日本語も英語も「言語である」という点から見れば同じです。

生まれたばかりの赤ちゃんにとって、日本語よりも英語を身につける方が難しい、ということはありません。

したがって、いとも簡単に日本語を身につけてしまうわが子であれば、英語を身につける能力も生まれ持っていると考えて良いのです。

海外では、バイリンガルは珍しい存在ではなく、2つの言語を公用語とする国もあり、一般的な国民が、3つや4つの言語を使う国まであります。多言語を操るのは、決して特殊なことではなく、今後ますます普遍化していくことは間違いないでしょう。

また、幼児期に日本語を身につける過程を見ると、赤ちゃんたちは、それ程恵まれた日本語の環境を与えられるわけでもありません。

語りかけの「質」に目を向ければ、子どもたちに話しかけるとき、文章表現や使用する語彙《ごい》、文法などを常に正確に、と心がけている親御さんはまれでしょう。「量」の面はどうでしょう。24時間、日本語漬けにしているわけでもなく、語彙数にしても、同じような単語をくり返し使うことが多いのではないでしょうか。

その程度の環境でも、赤ちゃんたちは日本語を身につけてしまうのです。しかも、本人の「やる気」さえ必要ありません。

子どもたちには、生活環境に存在する言語を身につけてしまう、非常に高度な言語処理プログラムが生まれながらに備わっているのです。

適切な時期に、日本語と同じくらいの英語環境を与えれば、両方とも身につけられるのですから、そんなチャンスをみすみす逃してしまうことはありません。積極的に、大いに活用していきましょう。

日本語しか話せないと人生の選択肢が減るとは言いません。しかし、英語に限らず「外国語」を話せることによって、人生の選択肢が増えるのは間違いないと思いませんか？

2章

どうやって言葉は身につくの?

14 日本人に適した英語学習方法はなんですか?

日本人が英語を習得できない、最大の要因のひとつは「リスニング能力の欠如」です。

どれほど文法を勉強し単語を覚えても、いざ英語を耳にしたときにまったく聞き取れなければ、会話では何の役にも立ちません。

リスニング能力の改善は、日本の英語教育の最大の焦点とされ、数々の手段が試されてきました。

まず思い浮かぶのは、LL教室ではないでしょうか?

LL教室とは、Language Laboratory のことで、CDやビデオ、パソコンなどを使って言語を学ぶ施設です。

口の動きを見ながら発音を聞いたり、ストーリー仕立てになっていたりと、なかなか面白い学習法です。

考え方はとても結構だと思いますが、英語は一生懸命聞き耳を立てれば聞き取れ

る、というものではありません。楽しい取り組みですが、費やした時間の割には思ったほどの成果は得られないのが現実のようです。

その他にも、いろいろな方法が試されています。

教科書よりも面白いストーリーの朗読を、繰り返し聞く学習方法もあります。また、リズムにのせて英語を口にしながら発音を学ぶチャンツや、CCと呼ばれる字幕を表示させる機械を使って、映画を字幕つきで観る学習法など、例を挙げればきりがありません。

これらの学習方法に共通するのが「楽しく」というキーワードです。それが理想的な手段かどうかは別として、いずれも興味を持って学習出来るように作られています。

その最たるものが、英会話教室でしょう。

ひとりで取り組むとつらいし、長続きしない英語学習。そこで、外国人と楽しく話をしながら英語を身につけよう、という発想になるのでしょう。

このように、リスニング能力向上のためにいろいろな方法が実践されてきましたが、「これ!」と言った妙手の登場には至っていません。

日本人の英語力が相変わらず向上していないのは、悲しいことながら事実のようです。

15 リズムが分かれば聞き取れる！

洋画を、英語字幕で見てみましょう。実際に会話で使われている単語のほとんどが、知っているものであることに驚くはずです。

法律用語や専門用語などは別として、日常的な会話は、中学校で習った単語の組み合わせで、ほとんど事足りてしまいます。

ただ、ポイントは**その「組み合わせ方」を知っているか**どうかです。

たとえば、'for good' という表現をご存じですか？　どちらも中学校1年で習う単語ですが、'for good' で「永遠に」という意味になります。

また 'a good few' といえば、'a few' が「2、3の」という意味ですので少ない印象を持ってしまいますが、そこに 'good' が挟まると、反対に「かなりの」という意味になります。

このようにイディオムをあまり知らないのも、英語を理解出来ない理由のひとつでしょう。

しかし、もし聞き取ることができれば、知らないイディオムも意味を尋ねたり辞書で引いたりすることができます。逆に、聞き取れないとすれば、イディオムをたくさん覚えても、会話ではまったく役に立ちません。ここでもやはり「聞き取れないこと」が問題なようです。

日本語は「てにをは」で単語をくっつけながら文章を構成しますが、英語は一つひとつの単語が独立した「独立語」で、その組み合わせで文章が作られます。

英語で書かれた文章を見れば、一つひとつのスペースで区切られていて、どこまでがひとつの単語なのか、見た目にも明らかですね。

しかし、実際に音声になると、ひとつの単語の中で音がいくつかに分割されたり、反対に前後の単語の音がつながったりします。「音の切れ目」と「単語の切れ目」に関連性がなくなるので、音の切れ目に注意して聞いたとしても、**どこからどこまでがひとつの単語なのかは分かりません。**

要するに、いくら単語を知っていても、その単語と耳から入ってくる音の固まりとの関係が分からなければ、**単語を発見出来ずに終わってしまうのです。**

16 「英語のリズム回路」がリスニング能力のカギ

日本語も英語と同様に、単語一つひとつが区切って話されるわけではありません。ということは、私たちが苦もなく聞き取っている日本語も、日本語を知らない人からすれば、単なる音の固まりに過ぎないということです。

私たちは、幼児期に日本語のリズムを理解して身につけているから「日本語の聞き取り」が出来るのです。

英語も、そのリズムが理解出来ると、音の固まりから単語の切れ目を発見出来るようになります。すると、英語を聞いて単語を発見出来るようになるのです。

「言葉のリズムを理解する」とは、頭の中に「その言語の入力処理回路が出来ること」です。

耳から入ってきた音の固まりは、その入力処理回路を通ることによって、句や単語に細分化されます。この回路がなければ、どれが単語や句なのか分かりませんが、一度頭の中にこの回路が出来てしまえば、耳に入ってくる言語音は、単語や句の連続として認識されるようになるのです。

私たち日本人は、生後間もないころに「日本語の入力処理回路（リズム回路）」を頭の中に作りだしました。同様に、アメリカ人の赤ちゃんたちは英語の、ドイツ人はドイツ語の入力処理回路を身につけます。そして**それ以降は、その言語をどんな状況でも聞き取れるようになります。**

たとえば日本人は、雑踏の中でも複数の日本語の会話文を聞き取れます。レストランで食事をしているとき、耳に飛び込んでくる隣の席の会話も、自然と脳が処理をしています。

また、いくつかの情報を同時に把握することも出来ます。会話中に流れているテレビのニュースなどもきちんと処理されていて、自分の興味のあるニュースかそうでないのかを無意識のうちに判断しているのです。

では、英語はどうでしょうか？　意識してもなかなか聞き取れませんね。

言語は、「意識しなくても勝手に処理してくれる」回路がなくては使いこなせるようになりません。私たちが言語を聞き取れるかどうかは、その言語の「入力処理回路」があるかないか、言い換えれば「言葉のリズム回路」を身につけているかどうかにかかっています。

英語のリズム回路が身についていなければ、アメリカ人の2歳児にでも理解出来る内容すら聞き取ることが出来ません。反対に英語のリズム回路が身についていれば、2歳児程度の語彙しかなくとも、日常のことは理解出来るということです。

レストランにて
ご注文は
この魚と…
この間の映画はね…
日本語なら雑踏の中でも言葉を聞き取れる
道をたずねて
あの～ ここに行くには…
Oh! Go Straight ☆○△×
それなのに英語だと、1つの会話も処理が難しい
My name is….
むかし むかし あるところに…
バイリンガルは言葉を意識しなくても勝手に処理することができる
だから、レストランでもすべて聞き取れる
My father…
お肉のご注文は…

17 子どもたちの知っている語彙数はどれくらい？

子どもたちは、2～3歳にもなればずいぶんと会話も出来るようになりますが、果たしてどれだけの語彙を持っているのでしょう？

まず、日本語の場合、2歳で250語、3歳で900語、4歳で1500語程度を標準と考えます。

では、日本の英語教育の場合はどうでしょうか。「ゆとり教育」時代には1000語くらいまで減らされましたが、私たちが中学生のころは、1500～2000語くらいの英単語を習いました。

また、高校で学習する英単語も1000～2000語。そして、大学入試に臨むには、2500～4000語くらい必要です。4000語というと、だいたいネイティブの小学校低学年くらいの語彙数です。

さてここで、以上の語彙数と言語力を比べて見てみます。

子どもたちは、3歳にもなれば、言われたことを理解して言いたいことを表現するようになります。その３歳児の語彙はわずか９００語です。言いかえれば、９００語も知っていれば、日常的なことなら十分にやっていけるということですね。日本人は、中学を卒業すれば少なくとも１０００語くらいの英単語を知っていることになりますが、これは、上手にお話が出来る３歳児くらいの語彙数です。

年少さんに当たる４歳では、１５００語程度知っています。この頃の子どもたちといえば、友だちとのコミュニケーションが取れて、先生の指示に従うなどの社会

大学入試
センター試験会
よーし!
がんばるぞ!!
英語のテストには少なくとも4000語はほしいところ
幼児は2才くらいで
ママ
パパ
ごはん
ジュース…
250語
4才ともなると…
車のオモチャほしい
1500語に
母国語は小学生で4000語
同じ4000語でもちっとも英語を使えない日本の大学生
ペラペラ
どうしてしゃべれるんだ?

的なルールを理解し、それに則った行動を取ることができます。そのために必要な言語力は充分ありますね。

一方、日本で大学入試を受ける学生であれば、英単語は４０００語くらい知っているはずですが、英語は話せません。しかし、実際にはわずか１５００語やそこらで、社会生活を送ることが出来るわけです。

さらに前出の「文法」の話とあわせて考えれば、**日本人の多くは英語を使いこなすのに十分な「文法知識」と「語彙」を持っている**と言えます。それにも関わらず、３歳児にも出来るような簡単な日常的なやりとりすら出来ないのです。

これは「英語のリズム」を身につけていないからです。逆に、あとは「英語のリズム」さえ身につければ、英語を操ることは可能だと言えるでしょう。

18 英語を身につけさせよう！と思ったら

幼児向け英語教育だけでも、ずいぶんたくさんの方法があります。そこからどれを選べば良いのか迷ってしまう方も多いようです。

どの教室や教材を選ぶかには、冷静な判断が必要です。「なぜ幼児期から取り組むのか」「本当に必要な英語力とは何か」を考えなくてはいけません。

そうしなければ、「子どもが楽しそうにしている」というだけで選んでしまったり、少し不満があれば次はコレ、今度はアレと、教材や教室を渡り歩いたり……。結局、大金を払ったのに何も身についていない、なんてことにもなりかねません。

子どもたちに必要なのは、まず英語を聞き取る能力です。

これには、毎日、英語に「触れ続ける」ことが大切です。週に数時間を数年間続けても、決定的に音の環境が足りません。

また、英語を「教える」ことはどうでしょうか。幼児に対しての文法教育はあまり効果がない上に、理屈を中心に教えると嫌になるだけです。

その結果、幼児向けの英語教室では、数・色・形・天気・曜日といった基礎的な単語や、いくつかの会話パターンを教えたり、歌って踊ってゲームをしたり、絵本を読み聞かせたりする程度にとどまってしまいます。

大人は、これだけ英語の知識があるのに話せません。つまり、単語を教えたからといって、幼児が英語を身につけられるとは思えませんね。

実際に教室で会話の体験をするのは、「英語をやろう」というモチベーションづけには十分なるでしょう。

しかし、たいていの英語教室では、私たちが中学から習った内容を、形を変えて幼児に教えているだけの場合が多いのです。

そこで、家庭学習用の英語教材の選び方が重要になってきます。

キャラクターなどを使い、映像や音楽に合わせて歌ったり、踊ったり出来るDVDやCDは、子どもの興味・関心を英語に惹き付けるためには、とても有効です。

しかし、「子どもが楽しく取り組める教材」と「英語が身につく教材」とはイコールなのでしょうか。

残念ながら、先にあげたような教材だけでは、「英語のリズム（リスニング能力）」を育てるのに限界があります。

くり返しになりますが、必要なのは、まず英語を聞き取る能力です。そのために、最も適した教材とはどういったものでしょう?

幼児期は「言語のリズム」を身につけるには最適の時期ですから、放っておいても、1年程でリスニング能力を身につけてしまいます。

私たちは、日常会話を中心とした環境で日本語を習得しました。それは主に、親の語りかけと家族の話し声です。それだけで、私たちは母語を完璧にマスターします。

つまり、幼児期の英語教材を選ぶときには、これと同じような**「英語の日常会話」の環境を作れるもの**を選べば良いということになります。

また、幼児向け教材では、フォニックスやライミング、サイトワーズなどを使った学習方法も最近よく目にします。

フォニックスとは、文字の名前（エイ・ビー・シー）ではなく音（ア・ブ・ク）

を学び、読む力を育てる学習方法です。

ライミングも、覚えておくと便利です。たとえば'at'の音（アット）を知っていれば、それに'b／c／h'などを付けた'bat／cat／hat'などが読めるようになります。

サイトワーズも、広く知られるようになっています。単語を一文字ずつ読むのではなく固まりとして覚えてしまおう、という手法です。

いずれも、英語圏では幼児教育に広く活用されていますが、ここで目的を見失ってはいけません。**知識や押韻、読み方を覚える前に、まず最初に、聞き取る能力を育てるのです。**

寄り道をせず、「英語のリズム（リスニング能力）」を確実に身につけさせることに取り組みましょう。そこでやはり大切なのは、日本語と同じように、毎日、英語の日常会話を耳にすることです。

19

まずは「英語の音」をかけ流すだけ

生まれたての赤ちゃん、可愛いですね。無限の可能性を秘めてこの世に誕生し、そこに存在するだけで周囲を幸せな気分にさせてくれます。

生後1ヶ月も経つころには、かなり手足を動かすようになりますね。あっと言う間に寝返りを打つようになり、ハイハイからつかまり立ち、1歳になるころには初めの一歩を踏みだします。

このように、子どもたちは目に見えて成長していきます。

言語面を見ても、生後直後から母親の声に反応を示し、次第にいろいろな音に反応するようになります。

ひとりで座れるようになるころには、自分の名前を呼ばれると振り向くようになり、ハイハイしながら、こちらにやってくるようにもなります。

身体の発達は目に見えて分かりますが、言語理解の発達も、よく観察していれば見えてくるのです。

とは言っても、毎日わずかずつなので、その変化を意識するのは難しいですね。どちらかといえば「気がつくと」聞く・話すようになっていた、ということが多いでしょう。

表面的には見えなくても、赤ちゃんの脳内では休むことなく、ものすごい勢いで言語の処理が行なわれています。

赤ちゃんには、生まれつき言語処理プログラムが働いていて、耳から無造作に入ってくる言語音をじっくり聞いています。そして、周囲の日本語をどんどん蓄積しています。これは赤ちゃんが意識しなくとも、脳が勝手に行なっていることです。

耳から大量に入力される日本語がある程度の量に達すると、言語処理プログラムは、日本語特有の音の規則性を理解します。その、音の規則性の集大成が「日本語の入力処理回路（リズム回路）」です。

この段階で、子どもは「日本語特有のリズムを身につけた」すなわち「日本語のリスニング能力を身につけた」ことになります。

英語の場合は、CDの音声で赤ちゃんの脳を働かせれば良いのです。赤ちゃんの

子どもに日本語を覚えさせるために
言葉を覚えさせなきゃ！
日本語スクール
日本語スクールに通わせたりしませんよね？
なんてかわいいんでしょう！
ご家族が話しかけるだけで十分言葉を覚えていきます
英語も同じ
Dinner's ready! Come to the table!
晩ごはんできたわよ～
その環境を作るだけ
それだけで言語のリズムはＯＫ！
How old are you?
3

脳は、ＣＤから流れる英語の音も日本語と同じように処理してくれます。
親は英語のＣＤをかけ流すだけ。
こんな簡単なことはありませんね！

20 「仮語彙を溜めこむ」とは？

言葉のリズムを身につけ、日本語を聞き取れるようになると、赤ちゃんたちの言語段階は次のレベルへと進みます。

もう日本語は、ワケの分からない音の連続ではありません。耳に入る日本語は、単語や句といったグループに細分化されていきます。そして、次々に**「仮語彙」**として蓄積されていきます。

本書では、「音は知ってはいるが、意味は知らない単語」を「仮語彙」と定義してお話を進めたいと思います。

この段階ではあくまでも仮語彙ですので、彼らはそれらの単語や句の意味を理解してはいません。音として聞いたことがある、という状態です。

言語教育というと、語彙にばかり目が向いてしまい、語彙の量で言語能力を測ろうとしがちですが、もし語彙数で言語能力が測れるなら、日本の中・高校生は皆英語ができるはずです。でも現実はそうではなく、逆に知悉《ちしつ》語彙数が1000語にも

最初は言葉のくぎりを知らない
ママはみいちゃんが大好き
ママハミイチャンガダイスキ
ママはみいちゃんが大好きよ
「ママ」「ミイチャン」…
意味は分からないが聞いた事のある単語となる
＝
仮語彙
毎日聞いていくうちにあることに気がつくのです
ミイチャン
ミイチャン
ミイチャン
おはようミイチャン
「ミイチャン」…みいちゃん＝自分のこと！
単語の意味に気がつく
＝
語彙化

満たない3歳の子が、言語を理解できているのです。

1歳の子どもが、意味もしっかりと理解している知悉語彙数は100語にもなりません。しかし、おそらく1歳の段階で数百から1000語度の仮語彙を持っているでしょう。

赤ちゃんは、これらの仮語彙の意味までは、完全に理解していませんが、何となくその単語が登場する規則性は分かっています。すると、仮語彙の中に、ところどころ顔をだす知悉語彙の助けを借りて、ほぼ正しく文章を推理することが出来るのです。

このようにして、**幼児たちは仮語彙をどんどん蓄積しながら、周囲で交わされる会話を、より正確に理解出来るように育っていきます。**

この仮語彙の蓄積は、0歳代から徐々に行なわれ、日本語のリズムを完全に身につけた1歳代からは、もっと盛んに行なわれます。

喃語を話しているころから、子どもたちは毎日たくさんの仮語彙を蓄積していると考えて良いでしょう。

21 どんどん語彙化される仮語彙

言葉のリズムを身につけた赤ちゃんの脳内では、仮語彙を蓄積すると同時に、「**語彙化**」の作業も少しずつ行なわれています。

言葉のリズムを身につけるのと同じく、仮語彙の蓄積もほとんど無意識のうちに行なわれますが、語彙化の場合には、意識的に行われるものもあります。

「無意識の語彙化」は、主に生後半年くらいから小学校入学くらいまでの間に行われ、本人が意識しないうちに、仮語彙が意味づけされていきます。

一方、「意識的な語彙化」は2歳代以降、半永久的に行われます。意味を尋ねたり、辞書で調べたりしながら意味を理解する方法です。

ここでは、「無意識の語彙化」の様子を見てみましょう。

まずは赤ちゃんから見て最も身近な単語、「自分の名前」が仮語彙として蓄積されます。名前は、耳にする機会も他の単語より多いのは間違いありません。

そして、あるときその仮語彙が、自分のことを意味していると理解します。これで自分の名前が「語彙化」されたことになります。

たとえば「みぃちゃんジュースのむ?」という文章があるとします。

特に夏場などは頻繁に「ジュースのむ?」「おちゃのむ?」という音声が投げかけられます。これらの「ジュース」「のむ」「おちゃ」などの単語が、次々と仮語彙として蓄積されていきます。

赤ちゃんにこれらの言葉をかけると同時に、母親はジュースやお茶を入れた、取っ手とストローの付いた容器を差し出します。

赤ちゃんはそれを手に取り、ストローを口に含みます。そして、中の液体を吸い上げ、反射的に飲み込みます。

この一連の動作が「のむ」という言葉の前後に起こります。

ここで「のむ」という仮語彙が語彙化されるのです。そして、「のむ」を理解すると、今度はその前後の仮語彙「ジュース」「おちゃ」を理解するようになります。

こうして語彙が増えてきて、言語理解が進むと「ジュースのむ？」という声に反応して、こちらへやって来るようになるのです。

赤ちゃんと言えどもまったく侮りがたいですね。彼らの言語理解はこれ以降、急ピッチで進んでいきます。

22 語彙化から、いよいよ二語文へ

語彙化は0歳代から始まり、赤ちゃんたちは成長と共に語彙を増やしていきます。1歳では100語足らずの語彙が、2歳になるころには250語に増えます。

親の言葉がけにも、的確に反応するようになりますね。

「お買い物に行くわよ」「お散歩しようか」と言えば、玄関までやってきます。「自

分のお箸も持って来てちょうだいね。お手伝いしてね」というような長い文章も分かるようになります。

このように、文章を理解するだけではなく、生活のパターンも分かるようになり、どんどん語彙が増えていきます。

そして、2歳前後のある日「みぃちゃん　ジュース　のむ」と文章で喋るようになります。二語文の始まりです。

初めて「ママ」「パパ」と呼ばれた時は、とても感動しますね。この感動を覚えている親御さんは多いですが、二語文を話し始めたことに関してはあまり感動されないようです。

実は初めての「ママ」に比べれば、**二語文を話しだすことの方がはるかに深い意味がある**のです。

二語文は「文章」ですので、文法ルールに則っていることが必要です。試しに子どもたちの文章を聞いてみると、大人が話す語順とほぼ変わりません。「みぃちゃん　ジュース　のむ」なら、泣いて興奮しているなど余程のことがない限り、「の

む　みぃちゃん　ジュース」などとは言いません。

二語文を話すということは、「その言語の文法をある程度理解した」ことを意味します。わずか2歳で、言葉のリズムはもちろん、文法まで理解してしまった証拠なのです。

しかも、私たちが英語の授業で習ったように文法を学んだわけではありません。

主語、述語などといった理屈はまったく抜きにして、赤ちゃんたちは、ただ音にさ

ママ
しゃべった〜！
初めてしゃべったときはとても感動するもの
2才くらいで急に文章でしゃべりだす
みいちゃんジューチュ飲む
はいジュースね
ご家族はその変化に気づかないことも…
しかしこれはすごいこと！
大人と同じ文法で話している
みいちゃん、ジュース、飲む
飲む、みいちゃん、ジュース
こうは言わないのだから！
二語文を話し出すときに注目してみて下さい
ジューチュ飲む！

らされているだけで、その規則性を発見してしまうのです。

しかも、ここでも赤ちゃんたちは、文法を理解しようと意識したり努力したりもせずに、いつの間にか身につけてしまいます。

幼児期には誰もが、こんなに高い「言語自動分析能力」を持っているのです。

23 おしゃべりな2歳代

二語文を話すようになると、さぁ大変。「おしゃべりな2歳代」の到来です。この時期の子どもたちは、とにかく良く喋ります。

まず、母親や父親の言葉を意味もなく繰り返します。新しい単語を耳にすると「〜って何?」など質問攻めが始まるのもこの時期です。

また、離れて暮らす親戚など生活環境が違う人たちと会話する機会があれば、その表現やアクセントの違いなどに興味を示し、繰り返し口にするようになります。

子どもたちはこの時期、絶えず語彙化をしています。単語の意味を聞いたり、単語を何度も繰り返したりして、語彙を自分のものにしているのです。

2歳くらいで二語文が始まるころの語彙数を250語とすれば、推測するにその十倍以上、2500~3000語もの仮語彙を有しているでしょう。

そして、おしゃべりな2歳代では、それまでに仮語彙として蓄積されてきた単語を、どんどん語彙化していきます。同時に、新しい単語についても、同じように蓄

積し語彙化する作業を繰り返しています。

０歳代からの語彙化は、無意識のうちに自然と行われてきましたが、この時期の語彙化は極めて積極的に行なわれます。意識的な語彙化が、おしゃべりな2歳代の特徴です。

このおしゃべりな時期には、もうひとつの特徴があります。

たとえば「ママ、イチゴ好き?」「大好きよ」「なんで?」「おいしいからよ」「なんで?」「なんでかしらねぇ〜」「なんで?」といった具合に、延々と質問することがあります。まるで、言葉を発することが目的であるかのようです。

子どもは、生まれてからずっと耳にしてきたおかげで、日本語のリズム回路を身につけました。聞き取った単語を仮語彙として溜め、さらにそれらを語彙化しました。その過程の中で、文法も身につけてしまいました。

ここまで来れば、日本語の基礎回路は出来上がりです。

おしゃべりな2〜3歳にかけては、この「日本語の完成期」に当たり、子どもたちは実際に日本語を使いながら、どんどん完成度を高めていっているのです。

このようにして、子どもたちはわずか3年ほどで苦もなく日本語を身につけます。英語の場合も同様です。基本的にはCDをかけ流すだけで、英語の基礎回路が身につきます。英語のリズム回路を身につけ、仮語彙を蓄積し、同時にいろいろな形で耳にする仮語彙を自然に語彙化できるようになります。

24 直接的語彙化と段階的語彙化

お子さんに、たくさん単語を身につけてもらいたいと思ったらどうしますか？方法はいくつかあります。

今では、ずいぶんと一般的になってきたフラッシュカード。これは最も手っ取り早い方法です。フラッシュカードを見せなくても、ものを指し示して教えていくことも出来ます。たとえばりんごを指して「りんご」と言えば、それは子どもの語彙をひとつ増やしたことになります。

これらは「**直接的な語彙化**」です。

しかし、ここまでお子さんの成長の過程を眺めて来てどうでしょうか？

子どもたちは、フラッシュカードや指さしのように対象物に音を添えて提示されて語彙を増やしているのではなく、まったく別の方法で語彙を獲得しているのではありませんか？

フラッシュカードなどの方法を直接的な語彙化と呼ぶとすれば、子どもが母語を獲得していく中で、体験的に自然と語彙を身につけていく方法を「**段階的な語彙化**」と呼ぶことが出来るでしょう。

子どもは段階的な語彙化と直接的な語彙化の両方を、日々実践しています。しかし、圧倒的に多いのは、段階的な語彙化です。

直接的語彙化は、語彙力や表現力を伸ばすという目的で積極的に行うものです。

一方、段階的な語彙化は、語りかけの中から自然に行なわれます。いわば、二次的な副産物のように語彙化が行われるのです。

英語でも同様です。この2つの語彙化の違いを良く理解し、時と場合によって使

直接的語彙化
りんご
間接的語彙化
はい りんご 食べる？
=りんご
仮語彙
語彙
直接入れる
りんご
仮語彙
語彙

い分けることが大切です。

確かに、積極的に語彙化を行うことも大切なのですが、それに夢中になってしまって、それよりも先にやっておくべきこと、英語のリズムを身につけることを疎かにしてしまっては本末転倒ですね。

まずは、家庭内に英会話の音声が流れている環境を作り、英語のリズムを身につけさせるのが、何よりも先決です。フラッシュカードなどを使った語彙の強化は、プラスαの作業として取り組めば良いのです。

25 英語を身につけるための2つの方法

言語を理解するには2つの方法があります。そして、あなたはすでに、両方とも体験していらっしゃいます。

今地球上では、どんな言葉が使われていますか？　日本語、中国語、英語、フランス語など、どなたでも10語くらいはスラスラと挙げられるでしょう。

しかし、実際の言語数は10語や20語ではありません。方言をどこまで独特の言語と考えるかによってかなり差はあるようですが、一説によると8000語、少なくても3000語もの言語体系があると言われます。

たとえば日本でも、鹿児島の人が青森に旅行すれば、分からない言葉がたくさんあるでしょう。語彙ばかりか発音の仕方も違うので、同じ日本語なのになかなか通じない、ということもあるかもしれません。

もっとも、今ではテレビのアナウンサーが話している標準語という便利なものがありますから、国内旅行程度なら、標準語で会話をすれば不便に思うことはありません。

しかし、海外の言語体系と出会うと、標準語のようにお互いに理解し合える共通言語がないので、相手と意思疎通をするためには、相手の言葉に関する知識や技術

が必要になります。

まずは、相手が何を言わんとしているのかを理解しなくてはいけません。そこで、相手の言葉を自分の言葉に訳す必要が生じるのです。

そのためには、相手の言語の「単語」と「文法」を知っている必要があります。

このように、自分の知っている言語に訳しながら、相手の言葉を理解する手段を「**間接法**」と呼んでいます。私たちが中学校以降、学校で英語を勉強してきた手法です。

それとは別に、文法をまったく知らなくても理解出来る方法があります。これを反対に「**直接法**」と呼んでいます。単語の意味も、わざわざ自分の言語に訳してから理解する必要もない方法です。

言葉を耳にすれば即座にイメージ化出来る、理解出来る言語の処理能力です。

言うまでもなく、私たちは日本語を「直接法」で処理しています。

私たちが英語を使おうとすれば、それは間接法になり、日本語を普段から理解しているのが直接法となります。我々は日常的に、2つの言語処理方法を必要に応じて使い分けています。

26 「間接法」とは？

私たちは、あまり意識はしていませんが、「間接法」と「直接法」という、2つの言語処理方法を両方とも体験しています。それらを詳しく見ると、幼児の外国語習得のヒントが見えてきます。

まずは「間接法」から見てみましょう。

長い鎖国の時代、日本は細々と外国に接してきました。しかしそんな中でも、外国語を学ぶ塾がありました。

そこで外国語を学ぶ方法は、まず片っ端から単語を覚えることから始まります。当然、日本語訳とセットで覚えていきます。当時は辞書をまるごと覚えたそうです。

さらにその語彙を、文法に照らし合わせて外国語を理解していきます。日本語に訳していくのですね。外国語を理解しようとすれば、まずはこの間接法によらざるを得ません。

江戸幕府が開かれてから2世紀半も経ったころ、4隻《せき》の黒船が浦賀にやってきます。かの有名なペリーです。このころから、日本国内の外国語事情は一変します。

今まで、日本人だけでのんびりしていたところに、開国を迫られて妙な条約を結んでしまい、国内は大騒ぎ。外国人は出て行けという人もいれば、逆に積極的に外国語を勉強しようという人々も出てきました。そのころから外国語の主流は、オランダ語から英語に変わります。

外国語の塾もたくさんあって、ずいぶん繁盛したようです。緒方洪庵の適塾に学んだ福沢諭吉などは、ずいぶん優秀で塾頭も務めていました。しかし優秀な彼にしても、実際の会話となると大変だったようです。それから50年ほど後の夏目漱石も、留学時代は英会話に相当苦労したようです。

彼らが外国語を学んできた方法が、間接法です。彼ら程の頭脳の持ち主が大変な思いをしたくらいですから、私たちが出来なくても、仕方がありませんね。

鎖国時代から
外国語は学ばれて
きました
辞書を全て写す
単語を丸暗記する
dog
dog＝犬
これらは間接法
そのメリットは
教えやすいところ
ではデメリットは？
開国後
・・・
・・・
会話に結び
つかないところ

間接法の最大のメリットは、学習しやすいところにあります。体系的に学ぶので、先生からしても教えやすいですね。反対に欠点は、いくら頑張っても、母語ほどに使いこなせるようにはならないところです。

もしくは出来るようになるのは、ほんのひと握りの天才たちに限られていると言えるでしょう。

間接法では、外国語の体系を学び「翻訳する技術」を身につけることは出来ても、スラスラとコミュニケートをはかれるような言語力を身につける確率はあまりにも低いのです。

27 「直接法」とは？

次に間接法の反対、「直接法」を見ていきましょう。

間接法が、外国語として体系的に言語を勉強する方法であれば、直接法は、知らず知らずに母語として言語を獲得する方法です。

この学習法は、人類の歴史と共に存在していると言っても良いでしょう。

日本に生まれて親が日本語を話す環境に育つだけで、子どもたちは、いつの間にか日本語で話すようになります。そして、その子が子を授かれば、同じようにして日本語を話す子が育ちます。こうして脈々と、日本語は子どもたちへ受け継がれていきます。

この直接法には、2つの特徴があります。

まず、直接法ではひとつの言語を理解するとき、他の言語を介在させません。間接法のように、英語を日本語に訳して理解するのではないのです。**直接法とは、日本語は日本語のまま、英語は英語のまま理解する方法です。**

直接法のもうひとつの特徴は、文法を教えないことです。

赤ちゃんに母語を身につけさせるために、文法を教えようと思う親はいないでしょう。

もちろん、話し方は別です。きれいな言葉で丁寧に話すように導きますが、それは文法を教えることとは違います。あくまでもしつけですね。

また、親の海外転勤などに同行する子どもたちや、中学や高校での交換留学生も同様です。彼らは、意識して勉強するのと同時に、無意識に大量の言語情報にさらされます。そのうちに自然とリスニング能力が身につきます。このような獲得法が直接法です。

直接法のメリットは何と言っても、誰もが楽に言語を獲得することが出来ることでしょう。

しかも、間接法のようにわずか数%といった率ではなく、ほぼ100%の確率で言語を身につけられます。

しかし、直接法にも難点はあります。右脳的な吸収が出来る状態でなければいけない点です。幼児期であれば常に右脳優位な状態なのですが、大人の場合には、そうするのが日常環境ではとても難しいのです。

とにかく、幼児期を上手く活用出来れば、結果は確実に得られます。

小学校や中学校から間接法で教える、という大博打に出るよりは、確実な手段の直接法を選んだ方が賢明そうですね。

28 やってはいけない「りんご＝apple」式

直接法は「イマージョン」と呼ばれる教育法とほぼ同義で、身につけさせたい言語に「浸すこと」が必要となります。

ただ、私たち大人にはその感覚がどうしても分かりにくく、「英語」と聞くと、どうしても「日本語訳や文法教育が必要だ」と感じてしまうようです。

自分がどのようにして母語（日本語）を身につけたのかを思い起こすのはもう不可能ですから、自分も体験しているはずの「直接法」のありがたみが、なかなか分かりません。

これが「子どもたちには直接法で教えれば良い」という簡単な事実が理解出来ない、ひとつの大きな障壁となっています。

ただ、理解出来なくても、直接法のルールを守ることが出来れば成功します。

まず直接法のルールその1は、他の言語を介在させないことです。

たとえば、りんごを手にとって「りんご」と教えてあげる。または実物ではなくてもフラッシュカードなどを見せて「りんご」と声を添えてあげる。同じように、実物やフラッシュカードでりんごを見せながら"apple"、"an apple"や"It's an apple."と声を添えてあげる。これらは大変結構なことです。

視覚イメージを添えて、1回で直接的に語彙化していく立派な直接法です。りんごを見せて、日本語で語彙化しようが、英語で語彙化しようがどちらでも構いません。

ただし、ここからがよくある光景です。日本語だけ、もしくは英語だけなら、効率の良いインプット法となります。しかし、大抵の方は「It's an apple. りんごよ」と日本語を添えてしまいます。もしくは逆に、「これはりんごね。英語ではなんだっけ？」など、語彙化とはまったく関係のない質問を添えてしまうのです。

この瞬間、**直接法の「他の言語を介在させない」というルールが破られ、間接法の教育に切り替わります。**

幼児に英語を身につけさせるために、間接法は適していません。だからこそ、直接法で教えるよう頭を切り換えたはずなのに。一度染みついた習慣とは怖いものですね。

バイリンガルたちは、頭の中でそれぞれの言語間を行ったり来たりする、「翻訳処理」はしていません。耳から入った日本語は日本語のまま、英語は英語のまま処理されます。バイリンガルの頭の中には、英語と日本語の回路が別々に存在するのです。

彼らは、単語を英語と日本語のセットで覚えているのではありません。特に小さいうちには、日本語だけで知っている単語、英語だけで知っている単語もあります。しかし両方知っていても、日英の同じ意味の単語が、必ずしも頭の中でリンクされてはいないのです。

apple
apple
これは素晴らしい教え方
しかし多くの日本人は英語を間接法で学んできました
この単語の意味は？
そのためどうしてもこの流れで考えてしまいがちになります
りんご
=
apple
この思考法はお休みさせて下さい
appleねりんごよ
apple
apple
=
りんご
決してこのように教えないで下さい

そもそも、りんごを見せて'apple'と言えば、それがその物体の名前であることは一目瞭然です。わざわざ日本語に訳す必要などありません。'peace' 'transportation'などの抽象的な名詞や、'impress' 'understand'など物理動作をともなわない動詞、また副詞や形容詞などは絵に表しにくいので、フラッシュカードなどでのインプットが難しいと思います。

でもこうした単語も、繰り返し違う単語とともに耳にしたり、目にすることにより、何となく意味が推察されるようになり語彙化されます。ここでも日本語の介在は不要なのです。

放っておけば自然と語彙化されるのですが、それをわざわざ日本語で語彙化させようとすると、この瞬間に論理的な思考に切り替わり、その単語の意味も狭く限定してしまいます。

これを繰り返すと、子どもたちは**英単語を耳にするたびに、日本語で理解しようとするようになります。**こうなると直接法どころか、私たちが中学校で学んできた方法を、そのまま幼児に当てはめただけの英語教育になってしまいます。

また脳の働きとして、「意識の脳」である左脳の方が「無意識の脳」である右脳よりも強いので、勝負させると必ずでしゃばりな左脳に軍配が上がり、右脳は活動を左脳に譲ってしまいます。

このように、日本語訳を入れて意識して英語に触れさせ続けると、常に英語を意識するようになり、せっかくの直接法による英語教育を妨げてしまうのです。

日本語を介在させない。簡単なようで難しいのですが、このルールは必ず守りましょう。

29 文法は教えない！

直接法のルールその2は、文法を教えないことです。

あまり英語が得意でない方は、ほっと胸をなで下ろされるかも知れませんが、これも意外と難しいのです。**文法を「教えなくても良い」のではなく「教えてはいけ**

ない」のですから。

私たちが散々苦しんだ英文法ですが「教えてはいけない」となると、思いのほかストレスがたまるものです。

少し脇道にそれますが、「英語のかけ流し」「絵本の暗唱」という2つの取り組みがあります。この2つは、幼児英語教育においての代表的取り組みとして認知度が高まってきました。

「かけ流し」では、家庭内に英語の音の環境を作りだします。その言語刺激を栄養にして、子どもたちの脳が勝手に「英語の回路」を作りだすのです。

「暗唱」も、最近ではあちこちで見かけるようになりましたが、私たちの教育法の中では、絵本の暗唱の目的は「読解力」を身につけさせることです。

絵本の暗唱と読解力育成については、後に詳しく述べるとして、ここで本題に戻りましょう。この絵本の暗唱に取り組む際に、文法を教えたくなってしまうのです。

絵本を暗唱させるためには、まず朗読のCDを繰り返しかけ流します。CDをかけ流しているうちに、子どもは内容を丸暗記してしまい、絵本を眺めながらその英文を口にするようになります。簡単に言えばこれが絵本の暗唱です。

この暗唱をする際に、子どもたちは'a'と'the'を間違えたり、複数形や三単現の's'をつけ忘れたり、動詞に何でもかんでも'ing'をつけたりと、絵本に書かれていることと違うことも口にします。

文法なんてあまり好きではないはずの私たちなのですが、そういった細かい文法ミスが気になって、子どもが間違えるとミスを指摘し修正しようとします。

つまめは飛んでいるね！
そうだね。つばめが飛んでいるね。
なんてかわいらしいのだろう
こうは感じても…
つまめは飛んでいるね！
違うよ 主語と動詞の関係をよく考えてごらん「…が～する」という…
このような説明はしませんよね？
英語も同じなのです
a cat play piano...
そこは 'the'でしょう ついでに 'cat'は三人称で一匹しかいないから…
文法が分からないまま大人になってしまうことはありません
I eat many apple
？？？
安心して下さい

なぜ'a'ではなく'the'になるのかとか、複数形だから's'が……と教えてしまいます。

幼児たちには文法を理屈で理解する能力はありません。特に3、4歳くらいまでは論理的な思考が苦手なので、くどくど説明しても意味がありません。しかし、そんな子どもの事情はお構いなしに、親たちは文法を説明してしまいます。

これは冷静に考えてみれば、とてもおかしなことです。

もし、2歳の子がつたない発音で、言い間違えをしたり、文法的に誤った妙な日本語を口にしたりしたらどう感じますか？　もう可愛らしくて仕方がないことでしょう。まさか「間違えたまま大人になってしまうといけないから、今直さなくては」などとは思いませんね。

日本語なら大目に見る文法の誤りが、なぜか英語だと気になって仕方がない。私たちは、英語の文法には過敏になるようにすり込まれてきたのかも知れません。

そもそも**文法教育は、幼児期に行うものではありません。**私たちが「日本語の文法」を勉強し始めたのも、小学校の中学年以降です。

確かに、文法教育は必要ですが、まずは英語を聞いて理解出来るように育て、読んでも理解出来るように読解力を身につけさせてあげて、さらに自分の意見を人に伝える段階となってから、ようやくマナーとして正しい文法を身につけさせると良いのです。

この意味では、幼児期に文法教育は不要なことはご理解いただけるでしょう。

また、幼児期に英語教育を実践するメリットは「無意識の学習」ができることですが、教えてしまうことによって意識した学習となってしまいます。

文法教育はもう少し先までとっておいて、まずは英語の回路作りや読解力育成に努めるのが賢明でしょう。

3章

英語が身につく
魔法のメソッド

30

英語を身につけることは夢ではありません

「バイリンガルに育てよう」などと言うと「口で言うのは簡単だけれども、実は大変な努力が必要なのではないか」と大半の方が思うのではないでしょうか？

「幼児期なら英語は簡単に身につきます」と言われても、どうしても眉唾物だと思ってしまいます。

大人が散々努力して大金を投じてもなかなか達成出来ないことですから、そう簡単なはずはないと考えても仕方がないことです。

しかし、現実はまったくその逆です。

子どもたちに英語を身につけさせることは、思いのほか「カンタン」です。実際に日本にいながら、英語を身につけている子どもたちはたくさんいます。

しかも、何百万円もかけて留学するわけでもなく、何十万円もかけて英語の保育園やスクールに通うわけでもありません。

それほどコストもかけず、しかも、ご家庭内で実践出来る。お金も手間もかからない。こんな夢のような方法があったら、どうですか？　試してみたくはありませんか？

とても簡単なことです。まずは、赤ちゃんたちが持って生まれてくる言語獲得プログラムの存在を知り、その学習の特性を理解します。そして、その赤ちゃんの能力を最大限に活用出来るように「**正しく働きかける**」だけです。

その点だけに気をつければ、今目の前にいるお子さんも数年後には英語を使いこなせるようになっているのです。決して夢ではありません。

では、その方法を具体的に見て参りましょう。

31 単語数は最低でも９００語

英語を操れるようになるためには、何単語くらい必要なのでしょうか？

先にも述べましたが、幼児の知悉語彙数の目安は、簡単な日常会話が出来るレベルの３歳児で９００語、４歳児で１５００語です。

これはあくまでも一般的なレベルで、教育熱心なご家庭では、フラッシュカードを見せたり、絵本をたくさん読んであげたりするので、子どもたちはもっと豊富な語彙を身につけています。

ちなみに七田式教育を受けている子たちの語彙数は、３歳で３６００語、これは一般の知悉語彙数に当てはめると、小学校低学年並みの語彙数です。さらに４歳では６０００語となっており、これは小学校中学年から高学年レベルの語彙数です。

そこで、英語教育にこの数字を当てはめてみましょう。大体目標となる単語数が分かります。

まずは**英語の基礎回路（リズム回路）を身につけて、聞き取れるようになり、さらに簡単な会話を理解し、英語で簡単な思考が出来るレベル（ネイティブの３歳レベルの英語力）を身につけさせようと思ったら、実際の知悉語彙数はわずか９００語で良いのです。**

すでに英語教育を実践されていらっしゃる方から見れば、拍子抜けするほど少ない数でしょう。

しかし、これはあくまでも一般レベルです。せっかく幼児に英語を与えるのですから、もう少し欲張っても良いでしょう。

仮にアメリカ人で早期教育を受けている子が3600語、一般的な子で900語の語彙があるとすれば、わが子にはその真ん中より少し多いくらい、3000語程を目標に英語教育を実践すれば十分でしょう。リズム回路を身につけてから語彙化まで、3年間で3000語です。決して不可能な数字ではありません。

しかも、最低でも900語ですから、3000語を目標にしておけば、一般的なネイティブより、はるかに語彙力の優れた子に育てることが出来るのです。これはすごいことですよね。

32 いろんな単語を与えましょう

目標とする単語数が決まれば、次はその種類です。

単語は、名詞、動詞、形容詞、副詞などまんべんなく与えなくてはいけません。

その中で、たとえば名詞を見てみましょう。

基礎概念で言えば「文字」から始まり、'red / blue / yellow' など「色」を表す単語、基本的なものだけで数十あります。

さらに 'circle / square' や 'straight / curved' など「形状」を表す単語、'one / two / three' の「数」や 'first / second / third' などの「序数」。「時間」の概念や、「月」「曜日」「天気」'in / on / under / over' といった「空間認識」、量や重さの「単位」など。これだけで、300〜400語あります。

基礎概念以外の名詞を見ると、'father / mother / mom / dad' など家族や、'head / shoulder / arm / finger' など身体の部位、'shirt / pants / socks / shoes' など身につけるものの名称があります。

家の中にあるものでは、各部屋の名前から始まって、'door / wall / floor' などの部分の名称や、台所用品、文房具、家具、家電などなど。

さらに食べ物や飲み物の名前もありますね。これも数え上げればきりがありません。

また、街で見られるもの 'car / train' など交通手段や、'baker / greengrocer' などの職業、店の名称、その他にも 'kindergarten /park' など各種機関や、'house / street' など建造物の名称。

自然物では 'dog / cat / mountain / river' など、動物や植物の名前。

他にも細かく挙げれば、名詞だけでも大変な量になります。

しかも、これらは目に見える具象的な名詞です。抽象的な名詞も挙げると、それこそきりがありません。

これらの基礎概念と名詞だけで、簡単に2000語以上のリストが出来ます。さらに抽象的な名詞が数百。動詞はイディオムを含めて300語もあれば、かなり細かい表現も出来るようになります。また、形容詞や副詞も300語くらいは必要でしょう。

接続詞や助詞、助動詞など加えて、3000語という目標はかなり現実的な数字です。

しかも、これだけ知っていれば、一般的なネイティブの年長さんや小学1年生程度の語彙があることになります。

幼児向けの教材はたくさんありますし、いろいろお持ちの方も多いでしょう。ただ、いろいろ買っても、結局収録されている単語は似たり寄ったりです。教材の目的やお値段にも寄りますが、基本的な単語500〜1000語程度ではないでしょうか。

もちろんこの程度でも、一般の3歳レベルは達成されていますが、それ以上を目指すなら、**体系的に、しかも計画的に**語彙を与えていかなければなりません。

33 「絵本」を活かそう

単語数はどうやら3000語程で、ネイティブの子どもたちと比べても見劣りしない、十分な環境になることは分かりました。しかし、単語だけではどうにもなりません。

単語の羅列をいくら聞いても、英語のリズムを身につけることは出来ません。単

語と同時に、文章をたくさん聞かせる必要があります。

文章と聞いて真っ先に思い浮かぶのは「絵本」かも知れません。

絵本は、文章が入っている幼児向教材の代表格です。世の中には優れた絵本がたくさんあり、英語教育にも欠かすことの出来ない要素のひとつです。

特に「絵本は教材だ」という意識はなく、お子さんに与えているかも知れませんが、幼児にとってこれほど優れた教材はありません。

たとえば、幼児に生活習慣を教える場合「虫歯になるから歯磨きしましょう」とか「風邪を引かないようにうがいをしましょう」と言っても、彼らの脳は論理的思考がとても苦手なので、これらのロジックを良く理解出来ません。

しかし、これを絵本で与えれば一目瞭然。あっと言う間に理解します。絵本の主人公に自分を同化して、同じ行動を取ることが出来るようになるのです。

また、数や色や形、空間認識などの「基礎概念」をインプットするのにも絵本はもってこいの教材です。フラッシュカードも有効ですが、ストーリー仕立てになっている方が、他との関連がよく分かります。

空間認識を例にとると、〝on〟を説明するのに「…の上に〜」と言葉で説明しても、幼児たちにはピンと来ません。しかし、イスの上に猫が座っている絵を見せて、〝on〟を説明すればすぐに理解出来ます。

そして、〝on／in／under〟などを単独でフラッシュするより、ストーリーにした方がはるかに理解しやすくなります。

生活のルールなども、絵本によって「こういうものだ」と無条件に教えることが出来ます。

絵本はとても効率的にインプットと理解を促すことの出来る、優れた教材なのです。

34 「CD」を活かそう

「英語のリズム」を身につけさせるためには、なんと言ってもCDが最適な教材です。

「CDがいい」と聞いて、タンスの肥やしになっている大人向け英語教材や、好きな外国人ミュージシャンのCDをセットしようとしていたら、それはちょっと待ってください。

ここで忘れてはいけないのは「なぜ英語をかけ流すのか」という点です。単語や基礎概念を教えたり、文章表現を覚えさせたり、まして情緒や感性を育てるためでもありません。

あくまでも、子どもたちに「英語のリズム」を身につけさせ、リスニング能力を涵養《かんよう》するための英語の音環境作りです。

しかも、日本語と同じように英語を身につけさせようとしているのですから、それなりの環境を整える必要があります。英語なら何でも良いわけではありません。

その条件として、必ず満たさなくてはいけないのが「身近な日常会話」であることです。日常的にご家庭で交わされるような会話を素材にして「英語の生活環境」を再現するのです。

すると、CDの主な登場人物は母親と父親、そして子ども本人ですね。しかも、朝起きてから夜寝るまでの生活、休日の過ごし方など、実際の日常に即した内容が理想的です。

日常的会話を題材にすれば、子どもたちにとって、とても理解しやすいという点もメリットです。

大人用の教材の内容は、抽象的で家庭内の日常会話とはかけ離れていることが多く、子どもの教材としては適していません。

また、英語を身につけて、絵本やアニメでファンタジーの世界を楽しむのは結構なことですが、まずは「英語のリズム」を身につけるのが先です。その順番を忘れないようにしましょう。

35 楽しい「歌」を活かそう

絵本と並んで幼児教育の場に欠かすことの出来ないのが、歌でしょう。

幼児向けのテレビ番組や教室、幼稚園でも、必ずどこかに歌を活用しています。

大人も楽しみやリラクゼーションとして、歌を大いに活用しますが、子どもの場合には教材としても活用出来るのです。

英語の歌というと、真っ先に思い浮かぶのが『マザーグース』でしょう。

英語圏の子どもは、マザーグースを知って育つのが当たり前で、子どもの世界に限らず、大人の日常の会話の中でもたまに飛び出してきます。

また、マザーグースには単なる歌の域を超えた効用があります。

マザーグースを唱えることで、自然と「押韻（ライミング）のルール」が身についていくのです。押韻とは、音の並び方を整えて、音の流れを美しくする手法で「韻をふむ」とも表現されるものです。

押韻は「音を固まりで読む」練習に適しており、読解力育成にも高い効果を発揮します。

このように、マザーグースには、英語圏の文化を自然と身につけさせ、同時に押韻も身につけさせるという効果があります。

このマザーグース以外でも、歌は効果的に使えます。

たとえば、アルファベットを覚える場合、それをただ単に唱えるよりはメロディーに乗せた方が覚えやすくなります。あなたもきっとABCの歌を歌ったことがあるでしょう。

さらに、曜日や月の名前など覚えるのにも歌が役立ちます。

私も中学生のころ「January、February…って、1月、2月のように数字で分かりやすくしてくれればいいのに」と思った覚えがあります。

これらの単語になると、これはもう丸暗記するしかありません。そういった場合に、歌で覚えてしまうのはとても有効な方法です。

36 教材選びのコツ

教材それぞれの役割を理解して、必要に応じて取り組んでいけば、無駄なく効率の良い英語の音環境を作りだすことが出来ます。

「日常会話で英語のリズムを自然と身につけさせる」「単語をインプットして仮語彙化をはかる」「絵本や歌で基礎概念を理解させる」「マザーグースで押韻や英語圏の文化に触れさせる」「丸暗記の必要なものはメロディーに乗せて覚えさせてしまう」……このようなことですね。

さらに、ここで「失敗のない教材選びのコツ」をお教えします。

教材にはいろいろな種類があります。カードや絵本、ドリルやCDやDVD、ゲームや玩具的な要素を加えた教材もあります。最近は、海外の教材もインターネットで簡単に取り寄せることが出来るようになりました。

こうした、単品の教材はお値段も手ごろですので、手を伸ばしやすいのが良いところでしょう。これらを計画的に組み合わせて、ご自身でプログラム化されるなら、大変結構なことです。

しかし「セット教材が高いから」「安い教材なら失敗しても悔しくないから」と言って、気まぐれに細かい教材を買い足していく方が結構いらっしゃいます。

そして、結局は、続けられなかったり、次から次へと教材を買い続ける悪循環にはまってしまったり、気づけばセット教材よりはるかに高くついたり、ということになりかねません。実際、このような方が非常に多いのです。

その点、セット教材はよく考えて作られているので、値段は張るかもしれませんが、あれこれ迷うこともなく一定の成果は望めるでしょう。また、少なからずお金をかけるのですから、あきらめずに根気強く取り組むことが出来るでしょう。

教材を選ぶ際には、目標を定めることが重要なポイントになります。**その教材を使って何をどのように身につけられるのか、きちんと見定めましょう。**

手軽な教材とセット教材、どちらも一長一短があります。その辺りは良く見極めて選択する必要があります。

37 「DVD」より、断然「CD」です

教材の内容についても吟味が必要です。

次は視覚教材と聴覚教材、特にDVDとCDを取り上げて見てみます。

DVDやビデオなどの教材は、CDだけの教材に比べて視覚刺激がある分、子どもたちの食いつきは良好です。

大好きなキャラクターが登場するDVD教材を見せると、子どもたちはすぐに真似して英語を口にしてくれます。即座に子どもたちから反応があるので、親とすれば大満足。「買って良かった」と感じるかも知れません。

しかし、デメリットもあります。

DVD教材は子どもたちの興味をひかなくてはいけないので、効果音が多くなり、言語情報は実は驚くほど少ないのです。

また、意識して視聴するので、この点、少々左脳的です。さらに、何度か視聴すると飽きてしまいます。そして、一度見飽きたDVDは、二度と見てくれません。

ＤＶＤは娯楽用として見せるのが良いでしょう。ただし、英語に限らず、テレビの見せすぎは小さい子どもに良い影響を与えないと言われますので注意してくださいね。

一方、ＣＤ教材は「地味」である点がデメリットですが、メリットはたくさんあります。

まず**「音のみ」で表現するので、同じ時間かけ流せば圧倒的にＤＶＤより言語情報が多いのです。**教材ですから、情報が多い方が良いに決まっています。

また、子どもたちはあまり興味を示さないので、無意識のうちに右脳にインプットすることが出来ます。これは幼児期の言語獲得プログラムに最も理想的なことです。

このように検証していくと、教材としての軍配は間違いなくＣＤに上がります。

「英語を身につけて欲しい」と思う方がいれば、「英語に慣れ親しんでくれればいい」という方など、十人十色でしょう。しかし、せっかく教材を与えるのですから、楽しむだけではなく、教育的効果を期待しましょう。

少なからずお金をかけるわけですから、少しでも高い効果を得られるような教材を選びたいものです。

38 「かけ流し」時間はどのくらい?

さて、英語の音環境を作りだすためには、CDをかけ流すことが必要です。1日にどれだけ流すのかを考えなくてはいけません。

この点に関しても、日本で赤ちゃんが育つとき、どれだけの日本語に触れているのかをもとに考えてみましょう。

核家族でひとり目のお子さんを出産した場合を例に、見ていきましょう。

ここでは、テレビやラジオなどから発生する音は一切勘定に入れません。こうした家電がない時代から、私たちは日本語を獲得し続けているのですから、それらの機械音を言語環境に数える必要はないでしょう。

さあ、そのようなご家庭で、赤ちゃんが耳にする日本語の量はどれくらいなのでしょうか。

生まれたての赤ちゃんは、大抵寝て過ごしていますが、おむつが濡れたりお腹が空いたりすると目を覚ましますね。

おむつ交換のときにはマッサージや話しかけをしますね。「今日は元気そうね」とか「たくさんウンチが出ましたね」などと言葉をかけていらっしゃるのではない

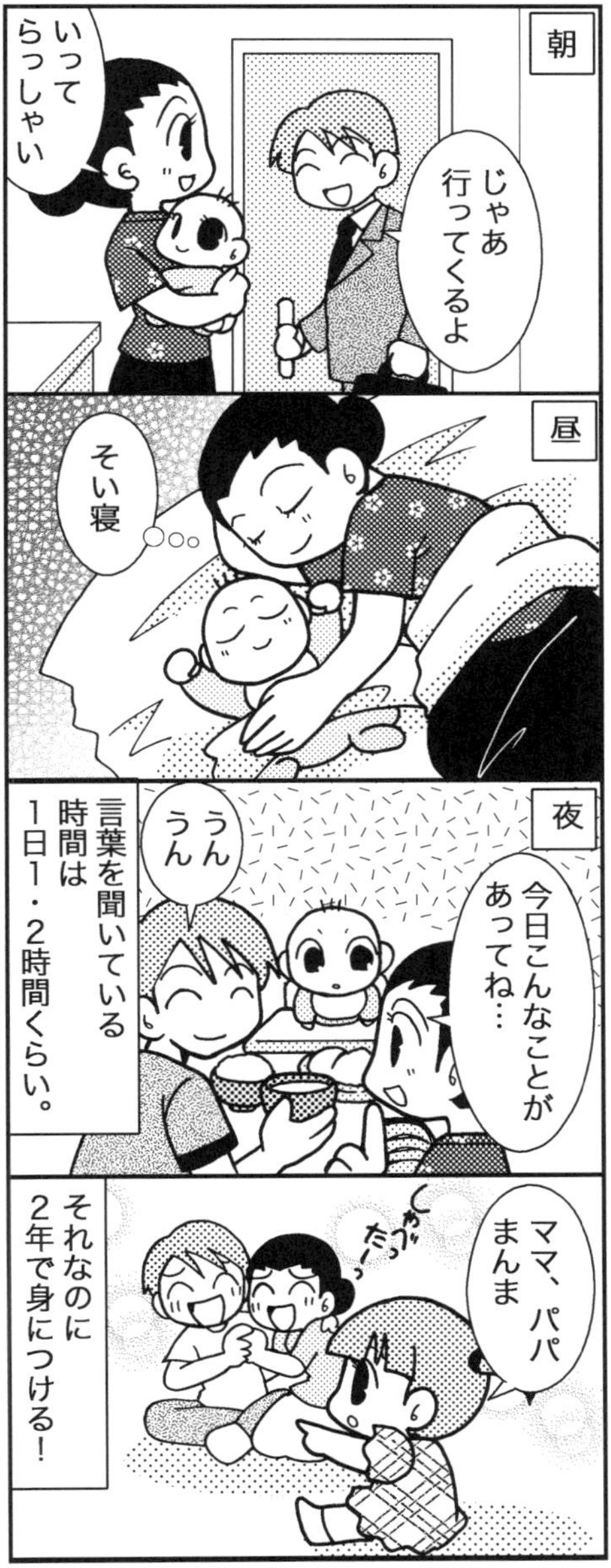
朝
じゃあ 行ってくるよ
いって らっしゃい
昼
そい寝
夜
今日こんなことが あってね…
うん うん
言葉を聞いている 時間は 1日1・2時間くらい。
ママ、パパ まんま
しゃべったーっ
それなのに 2年で身につける!

でしょうか。授乳中も「元気に飲みますね」とか「お腹が空いていたのね」など語りかけますね。

この、目が覚めてから寝入るまでの一連の流れを1回の「授乳セッション」と考えます。1回の授乳セッションで赤ちゃんが耳にする日本語の量はどれくらいでしょうか。

目が覚めている時間は30分くらいかも知れませんが、その間ずっと話しかけているわけではありません。耳にする日本語は、正味5分程度ではないでしょうか。むしろ実際はもっと少ないでしょう。しかしここでは、1回の授乳セッションで5分間、日本語を耳にしたことにして計算をします。

1日のうち、このセッションは8回ほどあります。夜中や明け方のおむつ交換や授乳時には、それこそ無言でしょう。けれどもそれも勘定に入れて計算します。

1日に5（分）×8（回）。つまり、授乳セッション中に1日30~40分ほどの日本語に接していることになるのです。意外と少ないと思いませんか?

母親の語りかけ以外に、赤ちゃんの耳に入る日本語は何があるでしょう。

週末、親戚が集まったりご両親の友人が尋ねてきたりすれば、語りかけや周囲の日本語はぐっと増えます。

しかし、そのような状況は特殊です。あくまで一般家庭の平均的な日常で、赤ちゃんが耳にする日本語を考えると、その情報源はほぼ母親と父親からのものでしょう。

お父さんが朝早くに家を出て、夜遅く帰ってくるようなご家庭では、お父さんからの語りかけも少ないかも知れません。夫婦の会話中には、赤ちゃんは寝ていることが多いでしょう。

多く見積もって、父親の語りかけや、両親の会話から耳にする日本語情報は60分ほどでしょう。

つまり、**赤ちゃんが日本語を耳にしている時間は、1日にわずか90分ほどということになります。**驚異の短さです。

しかし、赤ちゃんの言語の獲得は、この程度で十分成り立つのです。これで、3年も経たずに日本語をマスターしてしまいます。

1日にわずか90分で良いのなら、英語教育も十分に実践することが出来ると感じませんか？

39 「かけ流し」のポイント

さあ、かけ流しの内容と時間が決まったら、さっそく実践です。

ここで気をつけなくてはいけないのが、「気負いすぎない」ことです。

わが子に英語教育を実践するのですから、気合いが入るのは当然ですね。

しかし、実際のかけ流しの日々というのは、とても単調なのです。

最初のうちは、子どもたちも物珍しさからCDを聞いてくれます。興味を示し、CDの内容を口ずさむかも知れません。

しかし、3日経ち、1週間経つうちに**英語の音が流れていてもまったく関心を示さなくなります。英語の音環境に慣れ、無意識の学習がはじまったのです。**

でも、CDのスイッチを入れるお母さんにしてみれば、拍子抜けです。

まるで興味を示さなくなると、せっかくの教材が無駄になるような気がして「これではいけない」と焦るようになります。

そこで、子どもにCDを聞くように仕向けるようになります。「CDを聞きなさい」とか、そこまでストレートに言わないまでも「ほらこの曲歌える?」などといった具合に、英語に注意を向けさせようとします。

ABCD
最近まったく英語の歌を歌わなくなったわ…
ABCD
ぴ
このままじゃしゃべれるようになるわけないわね
ボリュームが低すぎるのかしら
1週間後…
ABCD
うるさいよぉー
英語なんてキライ！消して！
ABCD
英語環境を作り出しているだけ。BGMくらいでちょうどいいのです。

また、音量が小さいのが原因のひとつのように思えてきて、少しずつボリュームが高くなっていきます。しまいには家族の会話もままならないほどの大音量で、ガンガンと英語のCDを流すようになります。

これでは、子どももたまりません。母親は良かれと思ってボリュームを上げているのですが、子どもたちは英語に対して嫌悪感を抱き始めます。

そして、「英語イヤだ。消して」と英語のCDを拒否し始め、こうなるとせっかくの教材も台無しです。

そもそも、**CDのかけ流しは、きわめて低いボリュームで、BGMのようにまったく気にならないくらい**が好ましく、またそうでないといけません。

40 無意識のうちに学んでしまう子どもたち

幼児期の学習の特徴は、ほとんどが無意識のうちに行なわれることです。逆に意識してしまうとなかなか上手く処理されません。

日本語の場合には、親の方にも「日本語の環境を与えている」という自覚がないので問題ないのですが、英語となるとどうしても「与えている」という意識が働いて、結局それがあだとなってしまいます。

かけ流しはあくまでも環境ですので、子どもは「我関せず」の状態で結構です。

子どもがCDの音に食いついてこなくても、興味を示さなくても、彼らの脳は耳

から入ってくる英語情報をどんどん処理しています。「無意識の状態」だからこそ、言語獲得プログラムが機能するのです。

「聞こう」などと意識してしまうと、左脳がでしゃばってしまい、せっかく幼児に備わっている言語獲得プログラムが上手く機能出来ません。

まったく無関心で聞いてくれない、という他にも無用なボリュームアップのきっかけとなることがいくつもあります。

たとえば、窓を開けていると家の外の音が耳に入ります。雨音や車の騒音など、窓を閉め切っているよりは当然大きな音が聞こえてきます。また、兄弟で賑やかに遊んでいたり、けんかを始めたりすれば、CDの音はかき消されてしまいます。

そんなときも、CDのボリュームを上げたくなります。しかし、そのような生活音の存在は気にする必要はありません。

CDはあくまでもBGM程度で良いのです。人が穏やかに話すときくらいのボリューム。シーンとしていればしっかり聞き取れる程度のボリュームが理想的です。

少々騒がしいときであっても、ボリュームを上げる必要はありません。

41 子どもの脳に任せましょう

幼児に英語を身につけさせるときのキーワードは「教えない」ことです。教えても、英語は身につきません。

単語や文法、会話パターンを教えることは出来るかもしれませんが、それでは単なる中学校の勉強の先取りにしかならず、本当の英語力にはなりません。

ここで、人の脳の特徴を見てみましょう。

幼児期には、右脳が非常に活発に働いています。これは左脳が未発達だからです。左脳がきわめて未熟なため、論理的な思考は出来ません。従って日常生活のルールを積極的に守ることなどは苦手です。

左脳は2歳くらいから顕著に発達し、小学校の中学年くらいではほぼ大人と同じような脳になります。

たとえば、家に帰ったら言われなくても宿題をしたり、ある程度計画性を持って行動したり出来るようになります。これは左脳のお陰です。

このように左脳が発達してくると自らをコントロール出来るようになりますが、その反面、右脳的な学習が出来にくくなります。

左脳には、大量の情報を短時間に吸収したり、処理したりする能力はありません。膨大な音声情報を処理して分析する言語獲得能力は、右脳に備わっています。

さらにやっかいなことに、左脳はとてもでしゃばりなので、左脳が働き出すと、せっかくの右脳が機能しません。

私たちが経験してきた通り、英語教育は右脳的に行なわなければ、本当に使える英語を身につけることはかなり困難です。

そして、その右脳が左脳に邪魔されることなく、最ものびのびと活躍出来るのが、左脳が発達しきる前の小学校低学年（7〜8歳）くらいまでの時期なのです。

右脳に働きかけるのですから、論理的な教え方は無意味です。逆に、教えようとすると、左脳を引っ張り出してしまうことになります。「教える＝左脳的である＝英語は身につかない」と覚えておきましょう。

幼児には、英語を教えるのではなく、身につけさせましょう。

そのためには、幼児たちの持って生まれた能力にすべてを任せてしまい、母親は英語の音環境作りに専念するのが最善の方法です。

42 小学生だから出来る学習法

小学生のお子さんをお持ちの親御さんの中には、幼児期ならば簡単に英語を身につけてしまうことが出来ると知ると、がっかりしてしまう方がいます。もう手遅れだと思ってしまうのですね。

しかし、そんなことはありません。**小学生からでも十分に英語を身につけることが出来ます。**これは慰めではなく本当のことなのです。

幼児の学習は「無意識の学習」です。なぜこれが可能なのかというと、幼児達は右脳で言語を処理するからです。つまり彼らが右脳期であることが、英語学習のメリットとなっているのです。しかし、デメリットもあります。

幼児達は自覚して学習することが出来ないので、右脳的な子たちはプリントが苦手です。また、幼児でも左脳的な子がいますが、このような子たちは暗唱が苦手です。では、左脳的な幼児はプリントが上手なのか、というと、そうでもないのです。なぜならば、まだ論理的な思考が十分発達していないので、理屈が分からないのです。

さて、では小学生はどうでしょう。小学生は学習習慣が身についていますし、論理的な思考も出来ます。すると、プリント学習などはとても効果的に進めることが出来るのです。

また、小学生は左脳期とはいえ、まだまだ柔軟な脳を持っています。ひとたび物事に熱中すると、すぐに右脳が働き始めるのです。大人はなかなか日常的に右脳を上手に使うことが出来ませんが、小学生なら、スッと右脳にシフトできるのですね。つまり、小学生は「論理的な思考が出来る」点と、まだまだ「柔軟な脳を持っている」ことから、**幼児期よりも意欲的な学習が出来、中学生以降よりも、右脳的な学習が出来る**ことになります。それこそ英語修得の黄金期ですね。

43 フォニックスをしっかり学ぼう

日本人はリスニングが下手、と言われて久しいのですが、この原因のひとつははっきりしています。

私たちと英語の最初の正式な接点は、小学生で「ローマ字」を習う際のアルファベットとの出会いです。小学生でアルファベットを使ったローマ字と出会うわけですが、その際、ローマ字の仕組みばかり教えてもらって、**「アルファベットの正しい音」を教えてもらっていないのです。**

もちろん、ローマ字を教えるのは国語の先生ですので、英語の正しい音を子どもたちに教える事を、先生に求めるのはお門違いです。

しかし、結果としてaは「エー」cは「シー」などと間違えた音でアルファベットを中途半端に知ってしまうのです。

その後、中学校で本格的に英語を習い始めますが、ではそこで正しいアルファベットの音を教えてもらえるのでしょうか？　発音に気をつける先生もいらっしゃいますが、当たるのは確率の問題。そんな先生ならラッキーですね。

しかし、問題はそれ以上に根深いのです。日本語は癖があります。例えば「慶應大学」はカナを振ると「ケイオウ」ですが、実際には「ケーオー」と発音されます。英語には「エー」という発音はありませんし、「オー／オウ」は明確に区別されているのです。

加えて、日本語は子音に勝手に母音がくっついてしまいます。たとえば英語では'strange'という一音節の単語を、日本語的に発音すると「ス・ト・レン・ジ」と4つの音節に勝手に変換されてしまうのです。しかも、このようにカナ化された英語で発音しても、誰も指摘してくれないのです。

つまり、私たちはアルファベットから始まる「英語の正確な音」を知らないのです。**英語を聞き取りたければ、まず英語にはどんな音があるのか、正しい音を知らなければいけません。**

小学生からの学習では、まず英語の正しい音「フォニックス」をしっかり学びましょう。

44 倍速で右脳へ

小学生になると幼児のようにかけ流しだけで英語を身につけることは出来ません。理由は2点。ひとつは英語のリズム回路がないこと、もうひとつは言語を自動的に分析する能力がないことからです。

1番目の「リズム回路」とは、音のかたまりから単語や句を切り出す能力でした。そして2番目の「自動分析能力」とは、聞き取った単語の並びから文法を自然と理解していく能力でしたね。

幼児期と同じようにはいきませんので、小学生には小学生の特性に合わせた効果的な方法で学習させてあげましょう。

まず何よりも必要なのは「英語のリズム回路」です。聞き取ることが出来なければ、何も始まりません。まずはリズム回路の構築からスタートしましょう。

しかし、小学生は英語を耳にするだけでは、聞き取れるようにはなりません。そこで登場するのが「**倍速学習**」なのです。

これは大人にも有効な学習方法です。仕組みは簡単です。倍速学習にはいくつかの効果が期待されますが、その中で最も効力を発揮するのが「インターチェンジ効果」です。倍速を聞いたあとに標準スピードを聞くと英語がゆっくりと感じられ、くっきり聞き取れるのです。

これは学習直後に得られる一時的な効果ですが、重要なのは、英語に対する「克服感」を得られること。**英語を「聞き取れた！」という成功体験を積み重ねられるのです。**

私たちは日常から「英語は聞き取れない」というマイナスのイメージを持っています。そして英語を耳にすると「聞き取らなければ」と緊張してしまい、これが足かせとなっているのです。倍速学習をすることによって、英語に対する苦手感を無くしてしまうのです。

さらに、もうひとつ効果があります。倍速は速すぎて聞き取れません。すると、普段出しゃばっている左脳が処理を止めてしまい、代わって**リスニングが得意な右脳が働き出します**。これが倍速の効果なのです。

45

自律と暗唱

小学生の英語学習の最大のメリットは「手がかからないこと」です。もちろん上手に導いてあげれば、の話ですが。

幼児期の英語学習は完全に受け身の学習ですので、親が毎日準備をしなければなりません。しかし、小学生は学習習慣を身につけられますので、あとは「暗唱学習」を軸にして「プリント」などを行えば、**自習でどんどん上達していくのです。**

さて、**それにはまず「自律の精神」を育てる必要があります。**

自律とは「自分で決めたルールを守ること」の意。大人でも自律できていない人がいますが、社会に出て成功して人の役に立つためには「自律」の精神が不可欠です。そして自律の精神を身につけるのは、早ければ早いほど良いのです。

親から言われなくても、毎日の宿題はもちろん自主勉強したり、読書したりする。夏休みの宿題などは7月中にほとんど終えてしまう。こんな子に育てましょう。

中学生や高校生になって慌てて受験勉強を始める子と、小さい頃から毎日少しずつ勉強してきている子とでは、その差は歴然ですね。

自律とは「自分との約束」です。いきなり、はなかなか難しいので、まずは「親との約束」を守る習慣からスタートしましょう。

暗唱学習をスタートすると、意気込みもあるので最初の二、三日は上手く行きます。しかし三日坊主とはよく言ったもの。四日もすると、さぼっているのです。

そして、それを見つけた時の対応が大切。「やりなさい！」と命令したら自律の心は育ちません。「今日は良いから明日はやろうね。約束ね。」と約束を取り付けます。

翌日、自主的に取り組んでいれば良し、そうでなければ、「約束したよね」と優しく諭します。こうすることによって、命令されて、ではなく、自主的に取り組む、という型を作るのです。この積み重ねが自律の精神となっていくのです。

小学生からの英語学習も、子どもの自律の精神を上手に育て、あとは少しの動機付けでもしてあげれば、中学生からの学習よりもはるかに楽に、そして効果的に行うことができます。

4章

「文章を読んで理解する力」を育てる

46 「読解力」がポイントです

以前、こんなご相談を受けたことがあります。

そのご家庭は、ご夫婦と8歳と４歳の姉弟がいる４人家族です。

ご主人のお仕事の都合で、子どもたちが6歳と2歳の頃からアメリカで2年間生活し、日本に帰ることになりました。帰国時に上の子は小学校、下の子は幼稚園に通っていました。

ふたりとも英語はペラペラです。お友達とは英語で話し、家では日本語で話をする。見事なバイリンガルに育っていました。

そのため、ご両親としては当時それ以上の英語教育をする必要性をあまり感じてはいらっしゃらなかったようです。

帰国して、上の子も下の子も、どちらも日本語だけの小学校・幼稚園に入りました。

帰国直後は、姉弟間で英語を話すこともあったようですが、新学期が始まると、英語で話す機会はほとんどなくなりました。

すると下の子は、きれいさっぱり英語を忘れてしまったそうなのです。上の子は、その後も英語で話す機会があれば英語を使っていたそうですが、下の子はかつてのバイリンガルぶりがまるで嘘のように、完全に日本語だけになってしまいました。

姉弟、同じ環境で育っているにも関わらず、上の子の英語力は残り下の子の英語力は消えてしまう。

読めるところまで育てておけば
Hello! My name is ○○.....
ペラ
ペラ
英語力は普段つかわなくても消えない
Where is the Nippon Budokan?
Go straight and turn left at the next corner.
※日本でも英語ができる
しゃべれるだけで読解力が付いていないと
I'm hungry, Mom.
消えてしまう
ママ おなかが すいた
※完全に日本語になってしまう

なぜこのようなことが起こったのでしょうか？　それは、この姉弟に、ある決定的な違いがあったことに関係しています。

英語を聞いて正しく理解し、英語で考え話す。ここまでは2人とも同じです。**ただひとつだけ違ったのは「読解力の有無」だったのです。**

上の子は小学生ですから、英語の読解力が身についていました。一方、下の子は読解力がまだ身についていない段階で帰国したのです。

読解力を身につけているか否かが、その後の英語力に大きな影響を及ぼすのです。

日本にいて英語教育を行なう場合でも、同じことが言えます。

幼児期から正しい英語の環境を与えていけば、英語を身につけさせることはとても簡単です。英語を聞いて理解するところまではどんな子でも身につけられます。

しかし、ここからが問題です。

日本の、特に学校以外での英語教育の主流は「会話力を身につけさせる」のが最大の目的となってしまっています。

家庭内で、英語の環境を整えれば英語は身につきますし、英会話学校の先生と英語で話すことも出来るようになるでしょう。英会話が最終目的の場合、そこで親は大満足してしまいます。

しかし、子どもはどんどん大きくなっていきます。小学1、2年生のうちは、英会話スクールにも素直に通ってくれるし、英語の教材もいろいろと楽しんでくれるはずです。

ところが、3、4年生になると放課後や週末がかなり忙しくなってきます。習いごとは英会話だけではないでしょう。地元のスポーツチームに参加するかも知れません。こうして週末はほとんどつぶれてしまいます。

またこの時期になると、中学受験も視野に入ってくる方もいるでしょう。英語は受験科目ではありませんので、限られた時間を割くわけにはいきません。

さらに、5、6年生にもなれば、ますます忙しくなります。

英会話スクールに通い続けることは、どんどん難しくなっていきます。家庭内での取り組みも、自然と英語から離れていくことでしょう。

そして、英語から離れるにつれて、英語力はまるで消えてなくなってしまったかのようにその影を潜めるのです。

これは、前出のケースの弟さんの英語力と同じです。

「読解力」が身についていない状態で英語教育をストップすると、英語の能力は消えてしまうのです。

正確には「消えて」いるわけではなく「さび付いて」いるだけなのですが、動き出すまでにずいぶんと時間がかかってしまうので、まるで消えてしまったように見えます。

せっかく身につけた英語力を消さないようにするためには、会話で留めずに、しっかりと「読解力」まで結びつけていく必要があるのです。

47 ニセモノの読解力に注意!

幼児に読解力。考えてみると少し妙な感じがするかも知れません。

私たちは中学校からの英語の授業で、文法を勉強し単語をたくさん覚えました。そして、英文を日本語に訳して理解することが出来たのですから「読解力」を身につけたと言えそうです。

「であれば、中学校からの勉強でも読解力は身につくのではないか？」こんな疑問が湧くかもしれませんが、これは大間違いです。

私たちが中学校からの英語教育で身につけてきた「読解力らしきもの」をもう一度検証してみましょう。

たとえば、『ハリーポッター』などの児童文学を原書でお読みになったことはありますか？　小学校中学年以上向けですので、それ程難しい本ではありません。ストーリー上、少々特殊な単語もありますが、登場する単語はすでに学校で習ったものがほとんどです。

英語の読解力があれば、家事をしながらでも週末土日くらいを費やして十分に読めるはず。でも実際にはそうはいきませんね。

私たちが中学校からの英語の授業で身につけたのは、実は読解力ではなく「英語を日本語に訳す技術」なのです。

私たちは、英文を一度日本語に直し、日本語の読解力を使ってそれを理解しますが、幼児が身につける「読解力」はまったく異なります。

幼児たちが英語を身につけ、さらに読解力も身につけると、彼らは英語を読んで英語のまま理解します。日本語に訳す必要はありません。

これは、辞書を片手に一生懸命理解しようとしている大人には、到底まねの出来ない芸当です。

私たちが、日本語の小説を読んでイメージがすぐに浮かぶのと同じように、幼児たちは英語の本を読むことが出来るようになるのです。うらやましい限りですね。

48 「読解力」の育て方

読解力の育て方にはいくつもの方法がありますが、何といっても王道は「絵本の暗唱」でしょう。

絵本を暗唱しているうちに、いつの間にか読解力を身につけてしまうのが、最も右脳的で幼児に適した方法です。

日本語の絵本を例にとって、子どもが読解力を身につける過程を見ていきましょう。

子どもたちは気に入った絵本があると、何度も繰り返し読むように親にせがみます。親としては嬉しい限りですね。せがまれるままに、繰り返し絵本を読んでやります。

しばらくすると子どもたちは、ひとりで絵本をめくりながら何やらぶつぶつ言い始めます。これは、わずか2歳にも満たない子がひとりで絵本を読んでいるようにも見えます。

しかし、実際は母親の「まねっこ読み」をしているに過ぎません。繰り返し母親に読んでもらうことですっかり内容を暗記してしまい、暗記した内容を口にしながらページを眺めているだけです。

ところが、このまねっこ読みを繰り返すうちに、眺めているページにある文字と、自分が口にしている音の関係に気づきます。

これが「読み始め」です。一度読み始めるとそこから先は早いもので、どんどん読めるようになります。文字に敏感な子は、2歳くらいから読み始めます。

多くの子は2歳代から3歳代にかけて、文字にとても興味を示します。この時期に適切な文字情報を与えると、特に読み方を教えなくても、子どもたちは自然に読解力を身につけていくのです。

ひらがなをまったく教えていない子でも、読み始めることがあります。これは、子どもの脳が言語情報を分析する能力の高さを示しています。

この能力を英語に活かせば、英語の読解力も身につけることが可能です。

英語と言えばアルファベットからと思いがちですが、現にアルファベットの名前(エイ・ビー・シー)を知らなくても、英文を読める子はいます。**絵本を上手く使うことが読解力育成への最短距離なのです。**

①繰り返し本を読むようにせがむ
読んで！
②1人で本をめくりながら
ぶつぶつ言い始める
おじいさんは
山へしばかりに
おばあさんは…
※しかし実は
暗記した内容を
口にしているだけ
③読み始め
くるま
あかい
くるまが…
④どんどん読める様になる

49 「絵本の暗唱」って何？

日本語の絵本なら、母親が繰り返し読んでやれば良いのですが、英語の絵本の場合にはそういうわけにはいきません。

しかし、あきらめることはありません。

朗読CD付きの絵本がたくさんありますので、それらを使って音のインプットを行えば良いのです。

日本語の絵本の場合には、母親の読み聞かせで「音のインプット」と「絵本のページと音のマッチング」が一度に済みますが、英語の絵本の場合にはこれらを分けます。音はCDに任せて、イラストとのマッチングを母親が行うのです。

この際には、順番がとても大切です。

インプットは第一に「音」です。**聴覚に働きかける情報をまずインプットし、次にイラストや文字などの視覚情報の順になります。**どちらかを先に与えるのであれば、音の情報が先です。

まずはCDをかけ流すことから始めましょう。CDは「英語の回路」を作るときのかけ流しと同様に、低めのボリュームで淡々とかけ流します。

1週間ほどたっぷりかけ流したら、絵本の時間に他の日本語の絵本と一緒に、英語の絵本を読んであげます。ここはお母様の発音で結構です。

発音が気になるかも知れませんが、正しい音はすでにCDでたっぷり入っているので大丈夫です。上手に読もうとせずに、素直に読んであげる方がかえって良いで

1週間ほどかけ流す
ABCD
日本語の絵本と一緒に読んであげる
発音をほめてあげる
パチ
パチ
Car!
上手上手!
本の内容を暗唱する
This car is red.
It's a sports car....

しょう。

また、子どもの方がはるかに「まねっこ」が得意ですから、お母様より上手に発音します。それを褒めてやると、子どもたちのやる気はグンとアップします。

日本語の絵本と同じく読み続けてあげるうちに、子どもたちは絵本の一部を口にし始めます。あとは、上手に褒めて得意な気分にしてあげれば、次々と暗唱します。

このようにしてたくさんの絵本を暗唱させていくと、「読み始め」の時期が訪れます。

英語の場合には、読み始めの時期が明らかに分かります。発音が悪くなるからです。

流暢で、きれいな発音だったのが、日本人的な発音になり、つかえながら言うようになります。

この時期に「英語が出来なくなってしまった」と勘違いする親御さんも多いのですが、実はまったくその逆です。ここまでくれば英語教育は8割方完了なのです。

あとはスラスラ読めるように、絵本の暗唱を続けるだけです。

50 「絵本」選びの条件

子どもに与える絵本選びは、通常はお子さんの好みやお母様の好みに合わせたもので良いのですが、「読解力育成」を目的とした暗唱に使用する場合には、もう少し慎重にならなくてはいけません。

この場合には、情操教育とか娯楽性を基準にするのではなく、文章の長さや、文字の大きさなどが大きく作用します。いくつか選択の基準をお伝えしましょう。

第1に、**文字が大きいこと**。読解力育成のための絵本ですので文字に存在感があった方が良いですね。

第2に、**文章が短いこと**。長文は覚えにくいので、最初は短い文章が好ましいでしょう。あまり長い文章だと自然と文字も小さくなります。

第3の条件は、**ページ数が少ないこと**。初めは8ページくらいのものが良いでしょう。これも2番目の条件と同じで、ページ数が多いと覚える内容が増え、暗唱しにくくなります。

最初は、短く簡単な、出来れば1ページに1単語くらいからで、少しずつ文章が長くなるような絵本が理想的です。簡単で短いものはすぐに覚えられるので、子どもの「自信」にもつながります。

第4の条件は、**繰り返しが多いこと**です。すべての絵本に繰り返しが多い必要はありませんが、たとえば「Like~」など「~」の部分だけ差し替えて、同じ文章を繰り返すような絵本は、覚えやすく意味も理解しやすいので暗唱に適しています。

第5の条件は、**音源がついていること**です。ＣＤなどの音源がなければ音のインプットが出来ませんので、暗唱には至りません。出来れば、ＣＤはあまり効果音が入っていないものが良いでしょう。効果音は楽しいのですが、時間の割に言語量が少なくなるので、効率の良いインプットが出来ません。

第6の条件は、シリーズの**冊数が充実していること**です。50冊や１００冊くらいは必要です。

最後に第7の条件は、絵本が**バラエティーに富んでいること**です。大勢の作家が書いていて、バラエティーに富んでいるものが、単調になりがちな絵本の暗唱に変化をつけてくれるので、楽しみながら暗唱に取り組めるでしょう。
以上の7つの条件を基準に絵本選びをしてください。

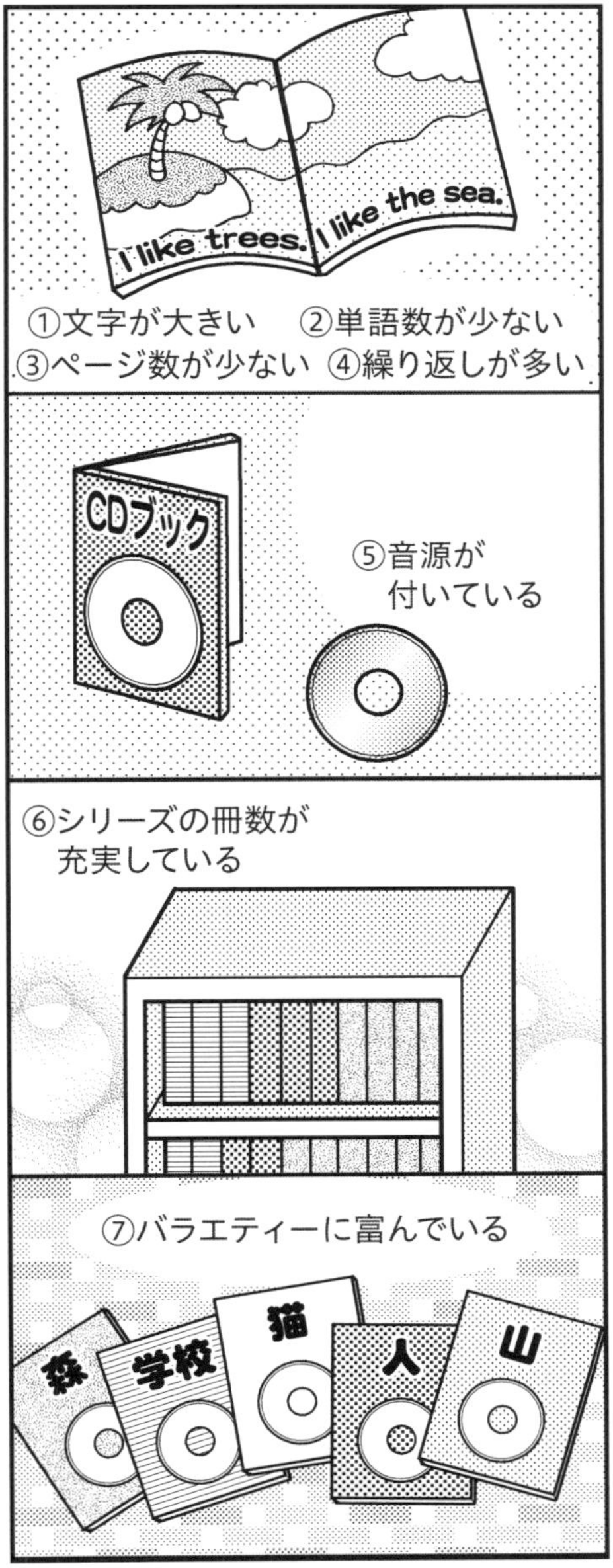
I like trees.
I like the sea.
①文字が大きい ②単語数が少ない
③ページ数が少ない ④繰り返しが多い
CDブック
⑤音源が
付いている
⑥シリーズの冊数が
充実している
⑦バラエティーに富んでいる
森
学校
猫
人
山

51

「暗唱」はいつから始めるの？

幼児期に読解力を身につけさせる方法は、いろいろあります。いくつかの方法を、子どもの成長に沿って見ていきましょう。

まずは、繰り返し紹介している絵本の暗唱です。

絵本の暗唱は、2歳くらいから、日本語で二語文が出始めたらスタートして良いでしょう。

これは最も右脳的で自然な読解力育成方法ですが、難点は個人差が大きいことです。すっと暗唱し始める子がいれば、いつまで経っても暗唱に結びつかない子もいます。これは、様々な要因に影響されます。

あくまでも比較の問題ですが、体験的には、男の子より女の子の方が暗唱に繋がりやすい傾向にあります。

また、兄弟がいる場合には、上の子よりも下の子の方が暗唱に繋がりやすい傾向にあります。

下に兄弟がいる子は、同年代の末っ子よりもしっかりしてきます。しっかりしてくるということは、左脳で物事を考えていることを意味します。左脳は大量情報の処理に適さない脳です。そのために、上の子は暗唱が苦手な傾向にあると言えるでしょう。

逆に下の子はといえば、無邪気なものです。上の子の暗唱素材を下の子の方が先に覚えてしまう、なんてことはしばしばです。

さらに性格も大きく左右します。積極的な子の方が暗唱に取り組んでくれますし、反対に消極的な子はいつまで経っても暗唱してくれないことがあります。

また、母親の「期待」も子どもたちの暗唱に多大な影響を与えます。母親の期待は「プレッシャー」となり、大きければ大きいほど子どもの声は小さくなります。

また、細かい間違いをいちいち指摘されたりすれば、暗唱する気も失せてしまうでしょう。

暗唱というのは、子どもたちの気まぐれな右脳に働きかけるため、些細なことにも影響されやすいのです。順調なうちは良いのですが、いったんへそを曲げてしまうと、とても難しい取り組みになります。

暗唱の次に右脳的な取り組みは「**サイトワーズ**」をインプットしていく方法です。サイトワーズとは、ひとつずつ文字を読んで単語として認識するのではなく、かたまりで直感的にパッと認識出来なくてはいけない単語を記憶していく方法です。短い単語からサイトワーズとしてまとめてインプットしたり、表面にイラスト、裏面に単語のかいてあるフラッシュカードを見せてインプットしたりしても良いでしょう。

これも、3歳前後からは積極的に取り入れましょう。

52 「暗唱が難しい年ごろ」になったら……

年齢が上がるにつれて、暗唱に上手く取り組めなくなります。そこで次は、少し左脳的な「**音読**」の取り組みです。

音読※繰り返し読む
I like to play baseball.
ポイント① 正確に読ませる
なんとなくはダメ
パラパラ
……………
ポイント② あまり考えさせない
ポイント③ つっかえたらすぐ教える
これはね…

小学生になると、家で国語の教科書をくり返し読んでくるように宿題が出されますが、それが音読です。英語の場合も同じで、とにかく繰り返し読むのですが、気をつけなくてはいけない点がいくつかあります。

まず、暗唱とは違い「何となく読む」のではいけません。正確に読ませるようにしましょう。

また、あまり考えさせてもいけません。まだ読めない子に音読させるのですから、スラスラ読めるわけはありません。つかえながら読むことになりますが、読めない箇所にぶつかって数秒経っても出てこなければ、すぐに教えてあげましょう。

暗唱用に使っていた絵本を再利用すれば、無駄がありませんね。1冊の本を1日5回くらい繰り返し音読させます。短い絵本なら、20、30回と音読するうちにスラスラ読めるようになります。しかし、ここで止めてはいけません。

スラスラ読めるようになったあとも、数日は音読を繰り返します。すると、いつの間にか視線が絵本から離れるようになります。それでも、音読しながら手はページをめくっています。

ここまで来たら1冊完全に「暗唱」したことになります。左脳的な音読から開始して、右脳へと繋がったわけです。そこで次の絵本へ移りましょう。

そして、最も左脳的な読解力育成法が、「**フォニックス**」や「**ライミング**」を覚える方法です。左脳的とは言え、とても効果的な方法です。

英語圏では幼稚園や小学校低学年で、これらの方法を用いて子どもたちに読解力を身につけさせます。

これは、英語の回路が身について、ある程度大きくなってから開始すると良いでしょう。

このように読解力育成には、いくつもの方法があります。最終的に読解力が身につけば良いのですから、絵本の暗唱にこだわる必要はありません。

絵本の暗唱がうまくいかなくなったら、年齢や性格に合わせて取り組みを変化させていけば良いのです。

5章

子どものすごさは、こんなところにある

53 英語はアルファベットから？

英語教室に通ったらまず覚えるのが「ＡＢＣの歌」ではないでしょうか。

幼児向け教材や、中学校の教科書にも、英語といえば必ずアルファベットの歌が登場します。英語圏でも、アルファベットは真っ先に「習う」項目です。

一方、日本には「あいうえおの歌」はありませんね。幼児教育の教材には、ひらがなを歌にしたものもありますが、ＡＢＣの歌のように皆が口ずさむ「定番曲」としてはあまり聞きません。

日本語を身につける過程で、私たちがひらがなに出会うのはいつでしょう。

言語教育と文字教育の関係は、私たちとひらがなとの関係を考えてみると、とても分かりやすくなります。

日本で生活していれば、ひらがなやカタカナ、漢字にはいつも囲まれていますし、絵本を読んでもらえば、これらの文字が目に入ります。

しかし、私たちがひらがなを初めて「習う」のはいつでしょう。

ひと昔前までは「ひらがなは小学校で教えるので幼稚園では教えません」という話も珍しくありませんでした。

すると正式にひらがなを習い始めるのは、6歳くらいということになります。6歳ですから、日本語を聞き取って理解し、日本語で思考して、意思を伝えることが出来るコミュニケーション能力を持っています。そのくらいになってから、初めて文字を教わったのです。

まずは言語を身につけて、そのあとに文字教育。これが自然なのです。

英語圏に住む子どもたちも同じです。ＡＢＣの歌くらいは童謡としてどの子も知っていますが、言語教育はアルファベットから始めるわけではありません。

まずは言語に十分に浸されます。そしてリズムを身につけ、聞き取りが出来るようになり、理解出来る回路が作り上げられてから、ようやく「ＡＢＣ」となるのです。

英語教育はＡＢＣから始まる訳ではありません。その前にしっかりと音の環境作りをしなければいけません。

54 「英語をしゃべった！」で満足してはダメ

小学校からの英語教育が本格化するにつれて、幼児・児童向けの英語教育がクローズアップされています。

テレビなどでも頻繁に「小学校英語の現場」といった内容のプログラムを目にします。登場する子どもたちは、外国人や日本人の先生のもとで元気に英語を学んでいます。

早いうちから英語や外国人に慣れておけば、親しみも湧き、物怖じすることもないでしょう。日本人の英語コンプレックスを取り除くのに、小学校からの英語教育は大きく貢献しそうです。

また、小学校英語に限らず、英会話学校や英語教室もそうした効果をもたらすでしょう。

子どもたちが元気よく英語を発している姿を見れば「お、スゴイ」と感じ、頼もしく思われることでしょう。

フラッシュカードを見せていると時おり自然と英語を口にする
rabbit, car, ……
rabbit
歌や踊りで英語を口にする
Jack and Jill went up the hill...
Jack and Jill～
すごいわ！もう英語をしゃべれるのね！
もうしゃべれるんだし家ではやらなくてもOKね！
これは大きな間違い!!
英語を口にすることと英語を身につけることは違います
毎日が大切なのね
Good morning!
英語環境は必ず毎日つくってあげて下さい

しかし、それに満足してはダメなのです。冷静に考えてみると、英語を口にしている子どもは本当に「すごい」のでしょうか。

週に一度程度のレッスンを行う、という点では私たちの運営している教室も同じです。しかし、その実践から得られた結論は「**週1回のレッスンだけでは、高い成果は得られない**」ということです。

レッスンの内容として代表的なのは、フラッシュカードです。レッスン毎に数百枚のフラッシュカードを見せて、語彙の強化を図ります。

次に、歌や踊りです。これは子どもたちが喜ぶので取り入れるという面と、飽きてきたときに少し身体を動かして、余計なエネルギーを発散させるという効果があります。

また、絵本や紙芝居もあります。これらは基礎概念を教えるのに便利ですし、レッスン中のお楽しみとしても使われます。

さらに、プリントやゲーム、自己紹介や簡単なスキットなどもあります。

このような取り組みを総合したレッスンが行なわれています。1時間程の限られた時間内では、このくらいが限界でしょう。

そして、レッスンの中で子どもたちが英語を口にする機会もいくつかあります。

フラッシュカードで、先生がカードを示して言わせたりすることもあります。もちろん英語の歌も歌うでしょう。自己紹介や対話のパターンをスキット形式で取り組めば、そこでも英語を口にしてくれます。ゲームでも取り組み方次第で、いくらでも英語を口にさせるチャンスはあります。

しかし、日本語を3年間で身につけてしまうほどの幼児ですから、少々の英語を口にすることくらいで、その「凄さ」を測れません。

幼児期の凄さは、英語を口にすることよりも、英語を聞いているだけで身につけてしまう言語獲得プログラムにあるのです。

そして残念ながら、そのプログラムのスイッチを入れるためには、週1回の教室では難しいのです。**家庭での毎日の英語の音環境は欠かせません。**

教室に通うことで、英語を口にする習慣を身につけるのも素晴らしいことです。

ただし、その英会話スクールで少々の単語を口にすることに目を奪われて、家庭での毎日の英語環境作りがおろそかになっては、幼児期の「凄さ」の万分の一も発揮させられないことになります。とてももったいなく残念なことですね。

55 英語を口にしなくても焦らないでください

幼稚園でも学校でも、よく喋る子がいます。物静かで控えめな子は、積極的な子どもたちの前では影が薄くなってしまいますね。

積極的でおしゃべりな子は、明るさも手伝って、一見すれば静かな子よりも能力が高いように見えます。しかし、積極的でよく喋ることが言語能力の高さの証か、というとそうではありません。

発語と言語能力の高さは、必ずしも比例しないのです。

これは、幼児教室に通っていた4歳の女の子の例です。その子は、あまり積極的に話をしない子でした。2歳から教室に通っていて、ほとんどしゃべってくれないのですが、クラスの中でもとても優秀な子でした。

そんな彼女が、2年ほど経ったある日、今まで読んであげた絵本を次々に暗唱し始めました。内容をすべて覚えていたのです。

このように、発語の時期は問題ではありません。この子はすごく優秀でしたが、

言葉だけは遅かったのです。

子どもたちには、得意な分野も苦手な分野もあります。長い文章をすぐに覚えてしまう子がいれば、プリントにしっかり取り組める子もいます。

性格的な要素も影響します。語彙が豊富でも控えめな子がいれば、語彙は少なくても元気に暗唱してくれる子もいます。どちらが良いというのではありませんが、よく喋ることイコール語彙が豊富であることではないのはお分かり頂けるでしょう。

大切なのはよく喋るかどうかではなく、知悉語彙数が多く表現力が豊かで、高い理解力を持っているかどうかなのです。

物静かで思慮深い子は一見地味ですが、そんな子のひと言には重みがありますね。将来は大作家になるかも知れません。

当然のことですが、子どもの能力は見た目だけで判断してはいけません。

56 子どもだって「相手に合わせて」話します

バイリンガルってどんな人なのでしょう。

バイリンガルのイメージはいろいろですが、わが子がバイリンガルになると、どのような状態になるのでしょう。彼らの日常はどんな感じなのでしょうか。

ここで、バイリンガルについて考えてみましょう。

日英のバイリンガルといえば、日本語を話す人とは日本語で、英語を話す人とは英語でコミュニケートできる人のことです。

彼らは、言語回路を日本語と英語の2つ持っていて、時と場合によってそれを使い分けるのです。

そんな、バイリンガルのお友達がいると想像してみてください。こちらは、英語が苦手です。

そのお友達とは、普段何語で話しをするでしょうか？　もちろん日本語ですね。

日本にて
出身はどこだっけ？
東京だよ
海外にて
Where are you from?
I'm from Tokyo.
もうくつはいた
どうして私には英語でしゃべってくれないのかしら？
あたりまえです！
Excuse me, could you take a picture for me?
yes
ママ、写真撮ってくれって
あ、はいはい
しゃべれるのね
話す言語は相手によって変わります

そのお友達が、あなたに英語で話しかけることはあるでしょうか？　そんなことはありませんね。普段はお互いの共通言語である日本語を使います。

では、そのお友達とハワイ旅行に行けばどうなるでしょう。頼もしい限りですね。現地の人に上手く説明出来ないことは、お友達に手伝ってもらえば良いわけですから、便利な話です。しかし、その旅行中でもあなたと話すときには、日本語を使うことでしょう。

英語が必要なシーンでは英語で、日本語で話すべきときには日本語で話す。それがバイリンガルなのです。

また、バイリンガルの人はよく「何か英語で話してくれ」とお願いされることがあるそうです。しかし、特に何のテーマもなく漠然と英語で話すことは難しく、そのようなお願いをされても戸惑うばかりでしょう。

これは、逆の場面を想像すれば気持ちが分かります。

たとえば、あなたがアメリカに行ったとします。そして、通訳から「何でも良いから日本語で喋ってくれ」と言われるのと同じことです。恐らく、何を喋って良いのか分からず戸惑うでしょう。しかも、相手はまったく日本語を理解できません。それが分かっていて日本語で喋る。違和感がありますね。

ここで、子どもたちに話を戻しましょう。適切な英語の音環境を家庭内で作りだせば、子どもたちは簡単に英語を身につけてしまいます。読解力まで身につければ、完璧なバイリンガルです。

さて、見事バイリンガルに育ったわが子。果たして、私たちに英語で話しかけてくれるでしょうか。

答えはＮＯですね。バイリンガルは日本人に対しては日本語でコミュニケートを図るのです。

もし、お互いにバイリンガル同士なら英語で話すのもおかしくないかも知れません。しかし、バイリンガルたちは日本語しか分からない相手に対しては自然に「日本語」を選びます。

ということは、いくら子どもたちをバイリンガルに育てても、私たちが英語を使いこなせない限り、私たちに英語で話しかけることはありません。

もちろん英語で話す必要があれば、英語力を発揮出来ますが、周囲が日本人ばかりの環境では日本語しか話しません。

英語教育を始めた当初は、無邪気に英語を口にしてくれることもあるでしょう。しかし、英語の環境が1年、2年と与えられ続けるうちに、彼らは英語を理解するように育っていきます。

英語が分かれば分かるほど、身につけばつくほどに、私たちに対して英語で話しかけることに抵抗を示すようになるのです。

お子さんに英語教育を実践しているのに、あまり英語を話してくれないようでしたら、それは悲しむべきことではありません。

英語が育っているからこそ、英語を口にすることに抵抗が生じているのです。逆に喜ぶべきことです。

57 実力をはかるのは「発語」でしょうか？

英語教育をしていると、どうしても発語が気になってしまいます。

1年、2年と実践したら、その成果を試してみたくなります。わが子に英語のリズム回路は育っているのか。知りたくなるのは親心ですね。

そこで、わが子の英語力の腕試しを兼ねて、アメリカにでも行ってみようと考える方もいらっしゃるでしょう。

そんな念願叶って、海外旅行に出かけたご家族があります。そのご家庭では3年以上にわたり英語の環境を作り続けて、お子さんがリスニング能力はもちろん読解力も身につけ始めたころに、家族でアメリカに出かけました。

子どもたちを、数日間ホテルのアクティビティーに参加させたところ、たっぷりと満喫出来ました。お友達も出来、そのお友達とは片言の英語でコミュニケートしていたそうです。もちろん、アクティビティーもすべて英語です。

しかし、お母様はお子さんがあまり積極的に英語で話していなかったので、物足りなかったようです。

また、レストランでは、お子さんに自分で注文するように促したところ、嫌がられたそうです。せっかく英語が出来るのだから、注文くらい自分でしてもらいたかったそうです。

しかし、考えてみればこれはおかしな話です。その子は当時まだ6歳。小学生になるかならないかの年齢で、しかも普段からあまり積極的な子ではないそうです。

そのような子が、いきなりアメリカに行って、見ず知らずの子どもたちのグループに混じり、いろいろなアクティビティーを体験したのです。限られた時間の中で、お友達が出来ただけでも大したものです。

しかも、そのお友達やインストラクターの先生の話す英語を理解して答えたり、行動したり出来たのです。これもまたすごいことです。

ましてや世間一般の6歳児は、レストランで積極的に注文しようとはしませんよね。恐らく、お母様やお父様がお子さんの注文を聞いて、お店の人に注文なさるのではないでしょうか。日本で出来ないことは、海外に出ればなおのこと出来ません。

これも、発語ばかりに目が行ってしまい、お子さんの英語の実力を見誤ってしまったひとつの例でしょう。

58 コミュニケーションは「形」ではありません

以前、こんなご相談を受けました。

お子さんは英語を聞いて理解出来、単語単位で英語を話すことも出来るそうです。でも親御さんとしては、是非とも文章で話してもらいたいのだがどうしたら良いのか、というご相談でした。

単語単位でコミュニケートが出来る子は多いですが、文章で話すのはやはり苦手なようです。しかし、これも考えてみれば、別の一面が見えてきます。

ある日思い立って、とある友人に「昨日何食べた？」と尋ねたところ「カレーだけど」という答えが返ってきました。ありふれた会話ですが、これをご覧になってどのように感じますか？

「文章で話していないからけしからん」とお感じになるでしょうか？

もし、お子さんがお友達とこんな会話をしていたら「ちゃんと文章で話しなさい」と注意しますか？

私たちは、普段から文法を意識しながら日常的な会話をしているのではありません。

日本語ですら単語単位で話しているのに、英語だけは文章で話して欲しいというのは、少々欲張り過ぎかも知れません。

もし「昨日何食べた？」という質問に「私は、昨日の夕食にカレーライスを戴きました」などと文章で答えられても、何となく落ち着きません。

要するに口語の場合には、相手の言うことを理解して、それに対して答える。それを相手が理解する。これでコミュニケーションは成立しているのです。

そう考えると、英語を話しているわが子に、正確な文法を使った文章で話すことを求める必要はないでしょう。

59 リスニングの完璧さをほめてあげましょう！

また、こんなご相談もありました。

デパートのイベントで、外国人の先生らしき人が子どもたちに囲まれて何かしていたようです。

そこへとあるお母様が、英語歴3年以上のお子さんを連れて通りかかりました。その子は海外経験も、教室に通ったこともありません。お母様は「これは良いチャンスだ」と、お子さんをそこへ連れて行きました。

いよいよその子の番になり、外国人の先生が"What is the color of your T-shirt?"と尋ねたところ、そのお子さんは「あお」と日本語で答えたというのです。

それを見たお母様は「今までやってきたことは何だったの？」と、がっくりと肩を落としてしまわれました。

しかし、がっかりする理由など実はどこにもないのです。その子は、先生が投げかけた質問を正確に理解しました。海外経験もなく、外国人と話したこともないような子が、いきなり英語で投げかけられた質問を理解したのですから、英語のリズム回路は身についているとほめてやれば良いのです。

しかも考えてみれば、自分が着ている服の色を尋ねられるなんて不自然なことですね。

そのお子さんだって「なぜこんなことを聞くのだろう？　もしかすると"blue"を日本語で何と言うのか知らないのかな？」と思って、その外国人の先生に日本語の

基礎概念を教えてあげたのかも知れません。

このように、コミュニケーションが日本語混じりになってしまうことは、教室でも日常的に起こっています。先生が日本語を話せるのを知っていて、レッスンだからあえて英語でつき合ってくれています。子どもたちは賢いですね。形にとらわれることなく、子どもたちの英語の実力を育てていきましょう。

60 楽しくやらなくちゃいけないの？

幼児や児童向けの英語教材のパンフレットを眺めれば「楽しく」という文字が躍っています。英会話スクールも英語教室もしかりです。

これだけ揃って「楽しく」と訴えかけられれば、子ども向けの英語は「楽しく」ないといけないような気すらしてきます。

なぜここまで「楽しく」が強調されるのでしょうか？

楽しい！
It's fun!
しばらくすると…
あきてきたよ…
・・・
これのくり返し
楽しいのは週一回にしよう
うん
無意識の学習が大切

恐らくその理由は、過去の英語学習体験から「英語は楽しくないもの」と感じる大人が多いということでしょう。

つらい勉強に比べれば、楽しく学ぶのは結構なことです。

子どもたちが楽しそうに英語の歌を歌っているのは微笑ましい光景ですし、楽しそうに教室に通ってくれるのでしたら英語の力もぐんぐん伸びそうです。

しかし、ここでまた母語獲得の過程を思い出してみましょう。お子さんが母語を獲得する過程で「日本語は楽しい言葉だから頑張って身につけよう」と感じることはありませんね。

日本語と同じように英語を身につけさせるのであれば、「無意識の学習」という状態を心がけなくてはいけません。逆に、**子どもたちが「英語」を意識しないようにすることが大切なのです。**

「楽しさ」に関してもう1点。これは教室運営の経験からの話ですが、楽しい教材を使うことは先生も楽しいものです。生徒も喜んでくれます。こんなに嬉しく充実したことはありません。

しかし、**楽しい取り組みはしばらくすると飽きてしまいます。**すると、さらに楽しい教材を探したり手作りしたりします。子どもたちが満足してくれなければ、レッスン運営に支障を来すので、楽しいものを常に追い求めなくてはならなくなります。

しかし、ふと我に返れば、子どもたちを喜ばせることに目が行ってしまい、本来の目的である「英語を身につけさせること」から、少しずつ離れてしまっていることに気づきます。

ご家庭でも同じです。楽しい教材、子どもの興味を引く教材は取り組んでいて充実感があります。しかし一度飽きてそっぽを向いてしまえば、もう二度と振り向いてはくれません。

そしてまた楽しい教材を探し出して実践しますが、この教材もいつの日か必ず飽きます。これを繰り返すうちに、いつの間にか子どもは大きくなってしまうのです。

「楽しい」というからには意識が働いていますが、心がけなくてはいけないのは「無意識」の学習です。

あくまでも無意識の学習を軸に据えて、たまに楽しく取り組んでいけば良いのです。

61

「英語好きになって欲しい」という願い

「英語を好きになって欲しい」と感じている方も多いでしょう。

それはそうです。せっかく小さい頃から英語に取り組ませて、英語嫌いに育ててしまっても仕方がありません。

しかし、親御さんのそんな気持ちに反して、英語に対して抵抗を抱く子がたくさんいます。

英語を嫌いになるケース、英語に抵抗を示すケースには、いろいろなパターンがあります。その中でも最も多い、暗唱にまつわるものから見ていきましょう。

単純に暗唱してくれない場合が多いのですが、ここで対応を間違えると、英語に対する嫌悪感はどんどんエスカレートしていきます。

そもそも幼児はおしなべて暗唱が得意です。日本語の絵本などは「暗唱させよう」と親が思わなくても、さらりと暗唱します。

しかし、英語の暗唱となると口を閉ざしてしまう。こんな様子を見ると「英語が嫌いなのかな」と感じるのも仕方がありません。しかし、**最初から英語が嫌いな子などいません。嫌いになる、抵抗を示すには、必ず理由があるのです。**

暗唱の場合には、恐らく母親の期待やプレッシャーが最大の原因でしょう。日本語の絵本を暗唱していても、周囲は何も言いません。リラックスした状態で口にすることが出来るのです。

しかし、英語の暗唱の場合には、母親は子どもが「暗唱」することを間違いなく期待しています。特に強いて暗唱させるわけでなくても、どこか態度に出てしまうものです。

次に多いのは、ドリルが苦手な子でしょう。

これは別段珍しい話ではありません。幼児期は右脳的なので、ドリルはそもそも苦手なのです。しかしここで、無理をしてでも取り組ませようとすると、さらに抵抗を示すようになります。

また、ドリルに関しては、どうしてもきれいに書かせたいと感じてしまいますが、3、4歳の小さな手は、上手に文字を書けるようには出来ていません。

ペンを持ってドリルに取り組んでいるだけでも、十分すごいことだと感じなくてはいけないのです。

こうして、暗唱やドリルが出来ないことが少しずつプレッシャーとなって、溜まっていき、ストレスを感じるようになります。すると子どもが「なぜこんなことをしなくてはいけないのだろう」と感じるようになるのは必然かも知れません。

そして子どもの気持ちは「英語なんかがあるから悪い」「英語は嫌い」というマイナスの方向に振れていきます。ついには「英語のCDが流れていること」さえ嫌がるようになります。

英語が出来るようになって欲しいという母親の願いがプレッシャーになってしまう。するとと子どもは英語に抵抗を示すようになる。そこで、母親はますます英語を好きになってもらいたいと願う……。

このように母親の気持ちが「英語！　英語！」となればなるほど、子どもたちは英語から離れていきます。

62

「あなたは英語が好きですか?」

そもそも、英語を「好き」になる必要があるのでしょうか?

確かに、私たちが教科として学んできた「英語」は、好きになったり嫌いになったりする対象でした。

しかし、幼児に英語を身につけさせるとき、私たちが日本語を身につけたのと同じように、いつの間にか身についている状態が理想です。

「気づかなかったけど、言われてみれば英語を聞き取ることが出来るし、英語で考えることも出来るなぁ」というような状態に育ててあげるのが良いのです。

意識をさせないように心がければ、嫌いになることはありません。また意識をさせないのですから、好きになることすらないのです。

日本では〝Do you like English?〟という質問が、特に違和感もなく平然と行われます。「あなたは英語が好きですか?」という意味です。

この質問は「英語」を好悪の対象として意識している人たちに向けられている質

問です。無意識に英語を学んでいる幼児は、英語を好きか嫌いかと問われても困るでしょう。

仮に英語をまるで意識していない、アメリカ人やイギリス人の幼児に対して、同じ質問"Do you like English?"を投げかけるとどのような反応が返ってくるのでしょうか。恐らく質問の本旨が理解出来ずに戸惑うばかりではないでしょうか。

お子さんがすでに日本語を話す年齢で、しかも日本語をひとつの言語の概念として知らない年齢でしたら、ぜひ同じことをお子さんに試してみてください。

3、4歳の子どもに「みいちゃん、日本語好き?」と問いかけてみてください。どのような答えが返ってくると思われますか?

果たして「うん、日本語好き」と言ってくれるのでしょうか?「いや、私は日本語嫌い」と言うでしょうか。いずれの返答が戻ってきても、何だか違和感がありますね。

このように、日本語は日本語のネイティブにとっては好き嫌いの対象ではありません。同様に'English'も英語のネイティブにとっては'like or not'の対象ではないのです。

幼児期に英語を獲得させることは、すなわち母語として英語を身につけさせることです。

出来る限り、**英語を好悪の対象として見ないように育ててあげる**ことで「本当の英語力」は身につくのでしょう。

63 先を見据えた教育を

英語教育を実践するからには、必ず何らかの英語教育の成果を期待しているはずです。口に出さなくとも「バイリンガルに育って欲しい」とか「英語が分かるようになってもらいたい」とか、漠然と感じていらっしゃることでしょう。

これ自体は結構なことです。しかし、少し注意しないと、この感情は日に日に大きくなっていきます。

CDのかけ流しをしてもまるで関心を示さず、1年経ってもまるで英語が口から出て来なければ「私のしていることは無意味なのかしら」と感じるかも知れません。

絵本の暗唱をするために毎日CDをかけ流しているのに、一向に口から英語が出て来なければ「私のしていることは無駄なのかしら」と感じるかも知れません。

ついにはその思いが大きくなって、りんごを指さしてお子さんに〝What is this?〟と聞いてしまう日が来ます。すると子どもから返ってくるのは「分からない」のひと言。これではお母さんのやる気も失せてしまいますね。そして「このやり方ではダメね」とあきらめてしまうのです。

子どもたちは、どんな言語でも身につける能力を持って生まれてきます。日本語を身につけられる子であれば、当然英語も身につけられるのです。しかも幼児期であれば、極めて簡単です。

それなのに**目の前の状態を嘆いて、せっかくの英語教育を中断してしまうのはとても残念なことです。**

これを防ぐためには「先を見る」ことが何より必要です。わが子の教育を半年、1年といった短期で見てはいけません。特に言語教育であれば、最低3年スパンで見ていきましょう。

母語である日本語を身につけるのにも、最低3年間は時間をかけています。

しかし幼児期の英語となると、わずか半年や1年で成果を求めてしまうから挫折してしまうのですね。

英語を獲得させるためには、最低3年間は必要です。そして併行して読解力を身につけさせ、右脳の英語力をしっかりと左脳の英語力へと根づかせる。これに1〜

3年はかかります。

英語教育は、3~6年くらいのスパンで考えなくてはいけないのです。

これは長いでしょうか? そんなことはありませんね。わずかこのくらいの期間、英語環境を与え続けることで、彼らはバイリンガルに育つのです。

10年以上勉強しても一向に身につかない、その後の英語教育の効率の悪さを考えれば、3年から6年とはむしろ短いものです。

わが子のことは、良く見ているつもりでも、実際には見えていないことが多いものです。

あまりにも身近な存在なのですべてが当たり前になってしまい、せっかくの美点も、まるで空気のようなものになってしまいます。逆に、出来ないところばかりが目についたりします。

身近な存在だからこそ、見えなくなることがたくさんあります。そんなときは、

少し遠くから見る習慣を身につけましょう。

「遠く」とは、物理的な距離のことだけではありません。時間的にも長いスパンで

見るように心がけると、いろいろな面が見えてくるものです。

英語教育に関しても、20年後、英語に不自由することなく大学を卒業して、世界を舞台に仕事をしているわが子を想像しましょう。

彼らが人生を進んでいく中の、ほんの一瞬として今が存在するのです。

今「アップル」が分かっているかどうか、's' が付いているかどうかなど、どうでも良いということに気づかなくてはいけません。

そして、わが子の将来のために今やらなくてはいけないことを実践してください。

わが子や教育に対して、距離をおいて見る習慣を身につければ、お互いにストレスをためることなく、着実に子どもたちの英語力を高めていくことが出来るでしょう。

あとがき

自らの英語好きが高じて高校時代に留学し、私自身英語を身につける幸運に浴することが出来ました。そんなことから学生時代には自宅で中高生に英語を教える副業をしていましたが、幼児の英語教育に出会ってからは、中学生以降とは比べものにならない吸収力を持つ彼らの能力に常に驚かされつつ、現在に至っています。

そんな日々を送る中で、ひょんな事から大人の英語学習に関する著作を頼まれ、以来大人の英語教育に思いを馳せる事が続いていました。そして、考えれば考えるほど大人の英語学習も幼児と同じであることに、いつしか気付かされるようになっていきました。

日本人に足りないのは、「英語を聞き取る能力」と「英語を英語のままイメージとして捉える能力」です。

大人の場合にはリスニングの能力が足りないので、耳からの英語学習ではいつまで経っても上達できません。そこで、日本語に訳さずに読んで英語を理解する力を身につけざるを得ないのです。

留学すると英語が出来るようになるのは、英語のリスニングの機会が多いからではなく、イヤと言うほど英語の本を読まされるからなのです。これは私の留学体験を振り返ってみて改めて気付かされたことです。

中学生を過ぎてから英語を身につけるには、多読が最も効率がよいのですが、それはそれでなかなか根気のいる作業です。中高校生に「多読」をしなさいと言っても、彼らは学校での英語学習に手一杯で、「多読」などしている余裕はないのです。そして、結局英語が出来ないまま、大学、そして社会へ出て行くのです。

このように中学生以降の英語学習は、「こうすればよい」とは分かっていても、英語をたくさん読んだほんの一握りの人たち以外は、英語を身につけることが出来ずに終わってしまうのです。

そこで、改めて幼児や小学生の英語学習に目を転ずると、本当にうらやましい光景がそこにはあるのです。

彼らは大人とは比べものにならないスピードで、英語のリスニング力、本書では

「リズム回路」と称した能力を身につけてしまうのです。

私達の耳には英語は「英語らしい音の固まり」にしか聞こえません。その中にたまに聞き取れる単語を発見する程度に留まります。しかし、ひとたびリズム回路を身につけてしまった子どもたちの耳には、英語は「単語の連続」として響いているのです。彼らは耳に入ってくる英語を次々と単語単位に切り出していきます。こんな能力を子どもたちは半年から1年で身につけることが出来るのです。

そして、英語を聞き取れるようになれば、後は「多聴」をすればよいのです。必死になって「多読」をしている大人達を尻目に、子どもたちは「英語を聞き流す」だけで吸収していき、ついには、日本語を身につけるように、英語まで身につけてしまうのです。

しかし、こんな素晴らしい能力も、知らずにいれば、存在しないも同然です。本書をお読みいただき、その能力の存在をひとりでも多くの方に知っていただけることは、歓喜に堪えません。

本書は拙著「Hello,Mommy!」並びに「1日90分CDを流すだけ！　子どもが英語を話しだす」（共に総合法令出版）を加筆再編集して一冊の本として世に送り出すこととなったものです。出版にあたって、この機会を与えてくださった総合法令出版の関係各位、並びに編集に携わってくださったスタッフ一同に深謝いたします。

2011年4月

船津　洋

よ！
Y：でも、ママがうがいをしてって言ったんだよ！
M：そうよ。でも洗面台に向けて水を吐き出すの。噴水じゃあないんだから、上に吐き出すんじゃあないの！

2
Y：ママ、寝る前に本読んでくれる？
M：いいわよ。なに読もうか？
Y：「豆つぶの上に寝たお姫さま」がいい！

3
M：面白かった？
Y：うん。でも私がお姫さまだったら、豆つぶを食べちゃっていたな！
M：お姫さまは、そんな食いしん坊ではいけませんよ！

4
M：おやすみなさい、ゆまちゃん。
D：おやすみ、ゆま。
Y：おやすみなさい、ママ。おやすみなさい、パパ。
M：ぐっすり寝てね。

NO.6　夕食の時間

1

M：ご飯が出来たわよ。おててを洗って来てね、ゆまちゃん。

Y：は～い。

Y：洗えたよ。お手伝いをしてもいい？

M：うん、お願い。

2

M：ナイフとフォークを引き出しから出して、テーブルに並べてくれる？

Y：は～い。

M：ありがとうね。ママは、これを運ぶから。

3

D：お～、美味しそうだね。

Y：これって鶏肉、ママ？

M：そうよ。

D：美味しいね。

4

Y：お腹いっぱいになっちゃった。お野菜は食べられないと思う。

M：それは残念ね。デザートにはアイスクリームを出そうと思っていたのに。

Y：え！　やっぱ、お腹が空いてる！

M：そう。じゃあ、先にお野菜を食べましょうね。

NO.7　パパとお風呂

1

Y：今日はパパと一緒にお風呂に入っていい？

M：もちろんいいわよ。

Y：行こう、パパ！

2

Y：（風呂場は）暖かくて気持ちいい。

D：ちゃんと、きれいに洗うんだよ。背中はパパが洗ってあげるから。

D：はい、おしまい！　きれいになったね。

3

D：湯船に浸かりましょう。

Y：飛び込んでもいい？

D：ダ～メ！　浅すぎるから。滑らないように、ゆっくり入りなさい。

Y：オッケー。

4

D：熱くなってきたね。出ようか。

Y：ママが新しいパジャマを買ってくれたの。可愛いプリンの絵、見て！

D：踊ってるんだ！　可愛いね。

NO.8　おやすみなさい

1

M：（歯が）きれいになったわね。じゃあ、うがいをしましょう。まあ、だめ

4

Y：キャ～ッ！　落としちゃった！

M：ゆま！　大丈夫？　足の上にでも落としたの？

Y：うん、でも大丈夫。お皿じゃなくて、スポンジだったから！

NO.4　ママとお散歩

1

M：ゆまちゃん、お散歩に行こうか？

Y：うん！　動物園まで歩いていい？

M：動物園は遠すぎるわ。歩いてはいけないわよ。公園にでも行く？

Y：いいよ。

2

M：さあ、着いたわ。

Y：砂場で遊んでいい？

M：もちろんよ。あら、女の子がいるわね。あの子と一緒に遊んで来たら。

Y：そうだね。

3

Y：こんにちは！　私、ゆまっていうの。

Ma：私は、まさよ。

Y：砂のお城を作ってみない？

Ma：うん、いいよ。

4

M：さあ、家に着いたわよ。

Y：あ～、面白かった！　今からもう1回公園に行ってもいい？

M：ゆまちゃん……今すぐには行けないよ。また明日にしましょうね。

Y：そう。

NO.5　パパが帰宅

1

D：ただいま～

Y：パパ～！　帰って来たんだ。

D：元気かな、ゆま？

Y：うん！

2

Y：パパ、一緒に遊んで！　お人形さんの家で遊ぼう。

D：いいよ。どこ？

Y：ここよ。

3

Y：パパ、見て！　お母さん人形が晩ご飯を作っているんだよ。ママと一緒だよ。

D：何を作っているのかな？

Y：イチゴパフェ！　そして、デザートの大きなチョコレートケーキ。

D：ふーん……

4

Y：小さい女の子人形が屋根の上で踊ってるの。

D：屋根の上で！

Y：そう。

D：滑って落ちないといいね！

～に、ママ？　いい匂いだね。
M：それは石鹸じゃあないわよ！　それはパパのヒゲそり用クリーム！　すぐに洗い落としなさい！

4
M：さあ、着替えましょう。今日は何を着る？
Y：ピンクのシャツと、ピンクのスカートとピンクの靴！
M：え～……ピンクが好きなのは分かっているけど、そんなにピンクばっかり着たらフラミンゴみたいになっちゃうわよ。黄色のシャツは？
Y：うん。

NO.2　朝ご飯を食べる

1
Y：ママ、お腹空いた！
M：朝ご飯にしましょう。何食べる？
Y：ハム・エッグはどう？
M：いいわよ。

2
M：出来たわよ。このお皿、テーブルまで運んでくれる？
Y：頭に乗せて運んでもいい？
M：ダ～メ……おててで運んで下さい！

3
Y：ママ～、パパは？
M：今朝は早くお仕事に行っちゃったわよ。
Y：夕食前には帰って来るの？
M：ええ、帰って来るわよ。

4
M：はい、ハム・エッグ……とトースト。
Y：ママ、塩を取って。
M：はい、どうぞ。
Y：ありがとう。

NO.3　ママのお手伝い

1
Y：ママー。いっしょに遊んで！
M：後でね。ママは洗い物をしないといけないの。
Y：面白そう！　お手伝いしてもいい？
M：もちろん、いいわよ。

2
M：これはスポンジ。洗い始めるわよ。ママを見ててごらん。
M：はい、今度はゆまちゃんがやってみなさい。
M：あら、上手だね！　お姉ちゃんになったね。

3
Y：面白～い！
M：じゃあ、洗っておいてね！　すぐに戻るからね。
Y：は～い。

spider　クモ

衣類

hat　帽子（縁あり）
cap　帽子（キャップ）
scarf　マフラー
blouse　ブラウス
shirt　シャツ
T-shirt　ティーシャツ
sweater　セーター
jacket　ジャケット
dress　ドレス
skirt　スカート
shorts　半ズボン
pants　ズボン
underpants　パンツ
socks　靴下
panty hose　パンティーストッキング
slippers　スリッパ
shoes　靴
sandals　サンダル
boots　長靴
apron　エプロン
coat　コート
overalls　オーバーオール
raincoat　レインコート
swimsuit　水着（ワンピース型女性用）
swimming trunks　水泳パンツ
glasses　眼鏡
necklace　ネックレス
belt　ベルト
watch　腕時計
ring　指輪

Exercise6　PICTURE BOOK（絵本）

色

赤はサイレンの色。
オレンジはミカンの色。
黄色は熟れたバナナの色。
緑はイグアナ。
青は空と海。
赤にオレンジに黄色と緑、
青にインディゴにスミレ色は、
虹の色なんだよ！

Exercise7　CONVERSATIONS WITH MOMMY（お母さんとの日常会話）

NO.1　おはよう

1
Y：ママ……もう眠くない。
M：あらま～、ゆまちゃん。まだ5時半よ。眠れなくてもベッドに戻りなさい。
Y：うん。分かった。

2
M：9時半だよ。起きる時間よ！
Y：う～ん、まだ眠い。
M：ふざけないのよ。4時間前に既に起きていたでしょう。早く洗面所に行きましょう。

3
M：ゆま！　何してるの？
Y：顔を洗ってるんだけど。この石鹸な

7（左肘を右手に乗せ、指をクネクネさせる）
8（右手を左肩に当て、左に揺れる）
9（左手を右肩に当て、右に揺れる）
10（両手を前に出す）
11（腕で頭の上に円を作る）
12（左に傾く）
13（腕は円を保ったまま、まっすぐの位置に戻る）
14（右に傾く）
15（腕は円を保ったまま、まっすぐの位置に戻る）
16（右肘を左手に乗せ、指をクネクネさせる）
17（左肘を右手に乗せ、指をクネクネさせる）
18（右手を左肩に当て、左に揺れる）
19（左手を右肩に当て、右に揺れる）
20（両手を前に出す）

Exercise4　CONCEPT SONG（基礎概念歌）

エー・ビー・シー・ソング

A,B,C,D,E,F,G,H,I,J,K,L,M,N,O,P,Q,R,
S,T,U と V,W,X,Y と Z,
A,B,C を知ってるよ。
次は一緒に歌おうね？

Exercise 5　CATEGORY WORDS（種類別単語）

動物

dog　イヌ
cat　ネコ
rabbit　ウサギ
cow　ウシ
bird　トリ
pig　ブタ
fish　サカナ
frog　カエル
crocodile　ワニ
goat　ヤギ
horse　ウマ
mouse　ネズミ
panda　パンダ
zebra　シマウマ
lion　ライオン
tiger　トラ
monkey　サル
bear　クマ
elephant　ゾウ
giraffe　キリン
rhinoceros　サイ
hippopotamus　カバ
kangaroo　カンガルー
whale　クジラ
squid　イカ
butterfly　チョウ
ant　アリ
grasshopper　バッタ
ladybug　テントウムシ

☆Hello, Mommy!の訳

Exercise1　SONGS（歌）

ハロー・ソング

こんにちは、こんにちは、こんにちは、お友達。
こんにちは、こんにちは、こんにちは、皆さん。
こんにちは、こんにちは、元気かな？
私達はみんな元気だよ。

グッバイ・ソング

さようなら、さようなら、さようなら。
今日はいい1日でしたか？
さようなら、さようなら、さようなら。
今日は楽しく過ごしましたか？
新しい言葉を覚え、
絵本を読み、
いろいろ書いたり、
聞いたり、喋ったり、歌ったり、踊ったりして。
またお会いしましょうね。

Exercise2　FINGERPLAY（指遊び）

この小ブタさんはマーケットに行った

この小ブタさんはマーケットに行った。
（子どもを膝の上に乗せ、子どもの足の親指をつまんで動かす）
この小ブタさんは家にいた。
（人さし指をつまんで動かす）
この小ブタさんはローストビーフを食べた。
（中指をつまんで動かす）
この小ブタさんは何も食べなかった。
（薬指をつまんで動かす）
そして、この小ブタさんは
（小指をつまんで動かす）
「え～ん、えん、えん、え～ん、迷子で家に帰れな～い」と泣きました。
（人さし指と中指で子どもの足の裏をくすぐる）

Exercise3　DANCE（踊り）

スキダマリンク

スキダマリンカディンカディンク、スキダマリンカドゥー、愛しているよ。
スキダマリンカディンカディンク、スキダマリンカドゥー、愛しているよ。
午前中にも、午後にも、あなたのことを愛しているよ。
夜でも、お月さまの下でも、あなたのことを愛しているよ。
スキダマリンカディンカディンク、スキダマリンカドゥー、愛しているよ。

振り付け解説

1（座って子どもと向き合う。右肘を左手に乗せ、指をクネクネさせる）
2（左肘を右手に乗せ、指をクネクネさせる）
3（右手を左肩に当て、左に揺れる）
4（左手を右肩に当て、右に揺れる）
5（両手を前に出す）
6（右肘を左手に乗せ、指をクネクネさせる）

船津　洋　Hiroshi Funatsu

1965年生まれ。東京都出身。株式会社児童英語研究所 所長・代表取締役。
米国大学で学ぶ。帰国後、右脳教育の第一人者、故・七田眞氏に師事、児童英語研究所に入社。20年以上に渡る幼児教室・英語教室での教務を通じて幼児の発達に携わるかたわら、『パルキッズ』などの英語教材をはじめとした幼児・児童向け教材を多数開発。また、英語通信プログラムの教務担当として6万件以上の指導を行う。講演にも定評があり、全国各地で英語教育メソッドを広めている。幼児英語教材『パルキッズ』シリーズ、七田チャイルドアカデミー『リトルバイリンガル』コース専用教材の制作総責任者。
著書には『英語の絶対音感トレーニング』『ローマ字で読むな!』（フォレスト出版）『たった80単語!読むだけで英語脳になる本』（三笠書房）『1日90分CDを流すだけ!子どもが英語を話しだす』『Hello, Mommy!』『Speak up! HAWAII』『右脳で攻略!英検2級過去問題集』『右脳で攻略!英検3級過去問題集』（総合法令出版）『赤ちゃんのスーパー英語マスター法』（ウィズダムブック社）、監修書には『The Mirror Rule「鏡の法則」を英語で読む』『As A Man Thinketh「原因と結果の法則」を現代英語で読む』（総合法令出版）などがある。

1日たったの90分 CDを流すだけ！

どんな子でもバイリンガルに育つ魔法のメソッド

2011年6月2日　初版発行
2017年8月8日　7刷発行

著　者　船津　洋
発行者　野村　直克
発行所　総合法令出版株式会社
〒103-0001
東京都中央区日本橋小伝馬町15-18
ユニゾ小伝馬町ビル9階
電話　03-5623-5121

印刷・製本　中央精版印刷株式会社

ISBN978-4-86280-258-3

※本書は、小社より刊行しました「1日90分CDを流すだけ！子どもが英語を話しだす」「Hello,Mommy!」を加筆、修正、再編集し、改題したものです。

8 Good Night

M Your teeth are clean now, Yuma. Rinse your mouth. No, don't do that!

Y You told me to rinse my mouth, Mommy!

M Yes, but next time, spit the water down the drain, not upward like a fountain!

Y Will you read me a story before I go to bed, Mommy?

M Okay. What would you like me to read?

Y "The Princess and the Pea", please!

M What did you think of the story?

Y Well, if I were the princess, I would have taken the pea and eaten it!

M A princess shouldn't be so greedy!

M Good night, Yuma.

D Good night, Yuma.

Y Good night, Mommy. Good night, Daddy.

M Sleep tight.

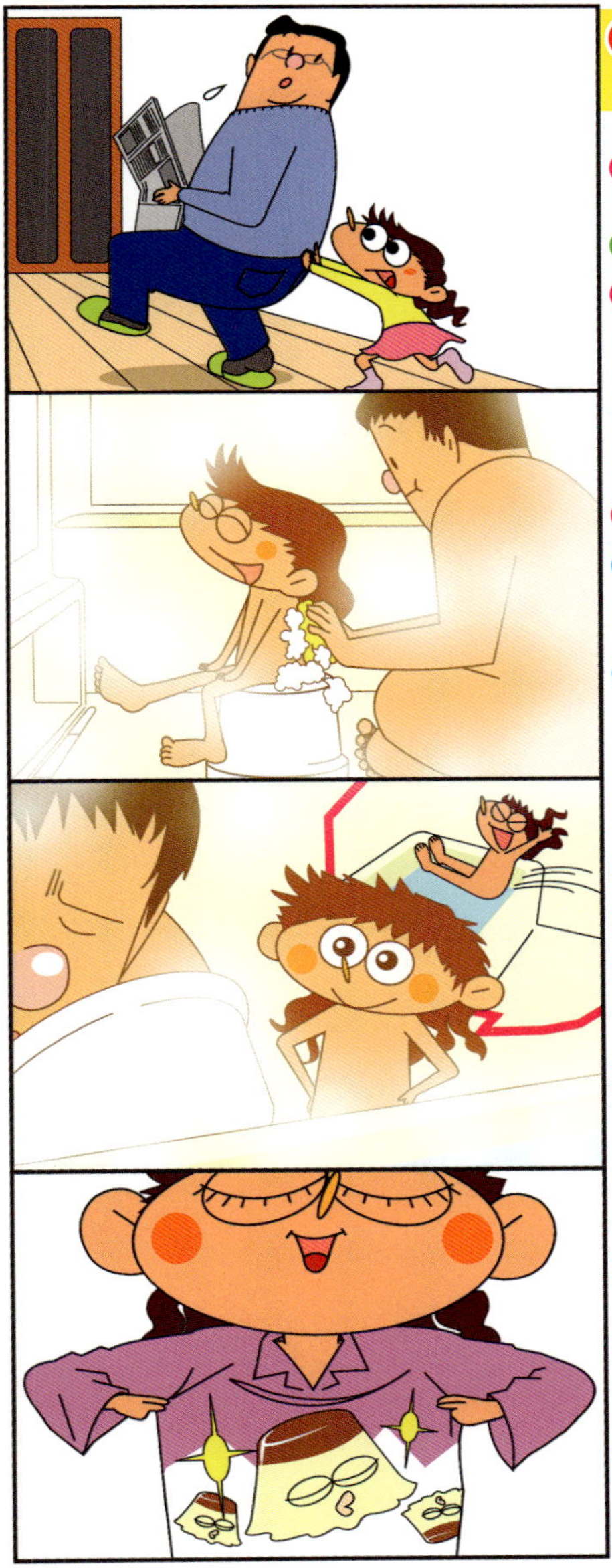

7 Bath Time with Daddy

Y Can I take a bath with Daddy today?

M Of course you can.

Y Let's go, Daddy!

Y It's nice and warm in here!

D Be sure to wash yourself properly.
I'll wash your back.

D There! You're all clean now.

D Let's get into the bathtub.

Y Can I dive in?

D No! The bathtub is too shallow.
Climb in gently and be careful not to slip.

Y Okay.

D It's getting hot in here.
Let's get out.

Y Mommy bought me some new pajamas, Daddy.
Look at the cute pudding on it!

D It's dancing! It's really cute.

6 Dinnertime

M Dinner's ready.
Go wash your hands, Yuma.

Y Yes, Mommy.

Y My hands are clean now.
Can I help you set the table, Mommy?

M Yes, please.

M Please take the knives and forks from the drawer,and put them on the table.

Y Okay.

M Thank you. And I'll carry these to the table.

D Oh, it looks good.

Y Is this chicken, Mommy?

M Yes, it is.

D It tastes good, too.

Y I'm really full now, Mommy.
I don't think I can eat my vegetables!

M That's too bad.
I was planning to serve some ice cream for dessert.

Y Oh! I'm really hungry now, Mommy!

M All right. Eat your vegetables first.

5 Daddy Comes Home

D I'm home!

Y Daddy!
I didn't hear you coming.

D How are you, Yuma?

Y Fine!

Y Play with me, Daddy!
Let's play with my dollhouse.

D Okay. Where is it?

Y It's here.

Y Daddy, look! The mommy doll is cooking dinner, just like my mommy.

D What is she making?

Y A strawberry parfait!
And a large chocolate cake for dessert.

D Well....

Y The little-girl doll is dancing on the roof.

D On the roof!

Y Yes.

D Let's hope she doesn't slip and fall!

CD 13-14

4 Taking a Walk with Mommy

M Do you want to go for a walk, Yuma?

Y Yes, I do! Can we walk to the zoo?

M No, the zoo is too far.
We can't walk there.
Shall we go to the park?

Y All right.

M Here we are.

Y Mommy, can I play in the sandbox?

M Of course you can.
Oh, there's a little girl over there.
Why don't you go and play with her?

Y Okay.

Y Hi! I'm Yuma.

Ma I'm Masayo

Y Do you want to build a sandcastle?

Ma Sure.

M We're home.

Y That was a lot of fun!
Can we go to the park again righ now?

M No, Yuma! Not right now.
Maybe tomorrow.

Y Okay.

③ Helping Mommy

Ⓨ Mommy, play with me!

Ⓜ Maybe later, Yuma. Mommy has to wash the dishes now.

Ⓨ That sounds like fun! May I help?

Ⓜ Sure.

Ⓜ Here's a sponge. Let's start washing. Watch Mommy.

Ⓜ Now you try it.

Ⓜ Very good! You're such a big girl.

Ⓨ This is really fun!

Ⓜ Keep washing!
Mommy will be right back.

Ⓨ Okay.

Ⓨ Oh, no! I dropped it!

Ⓜ Yuma! Are you all right?
Did it fall on your feet?

Ⓨ Yes, but I'm fine. I dropped the sponge, not the dish!

CD 11-12

2 Having Breakfast

Y I'm hungry, Mommy!

M Let's have breakfast.
What would you like to eat ?

Y How about some ham and eggs ?

M All right.

M Breakfast is ready.

Can you carry these plates to the table ?

Y Can I carry them on my head ?

M No...please carry them in your hands!

Y Mommy, where's Daddy?

M He left for work early today.

Y Will he be home before dinnertime ?

M Yes, he will.

M Here are your ham and eggs...and here's your toast.

Y Please pass the salt, Mommy.

M Here you are.

Y Thank you.

CONVERSATIONS WITH MOMMY

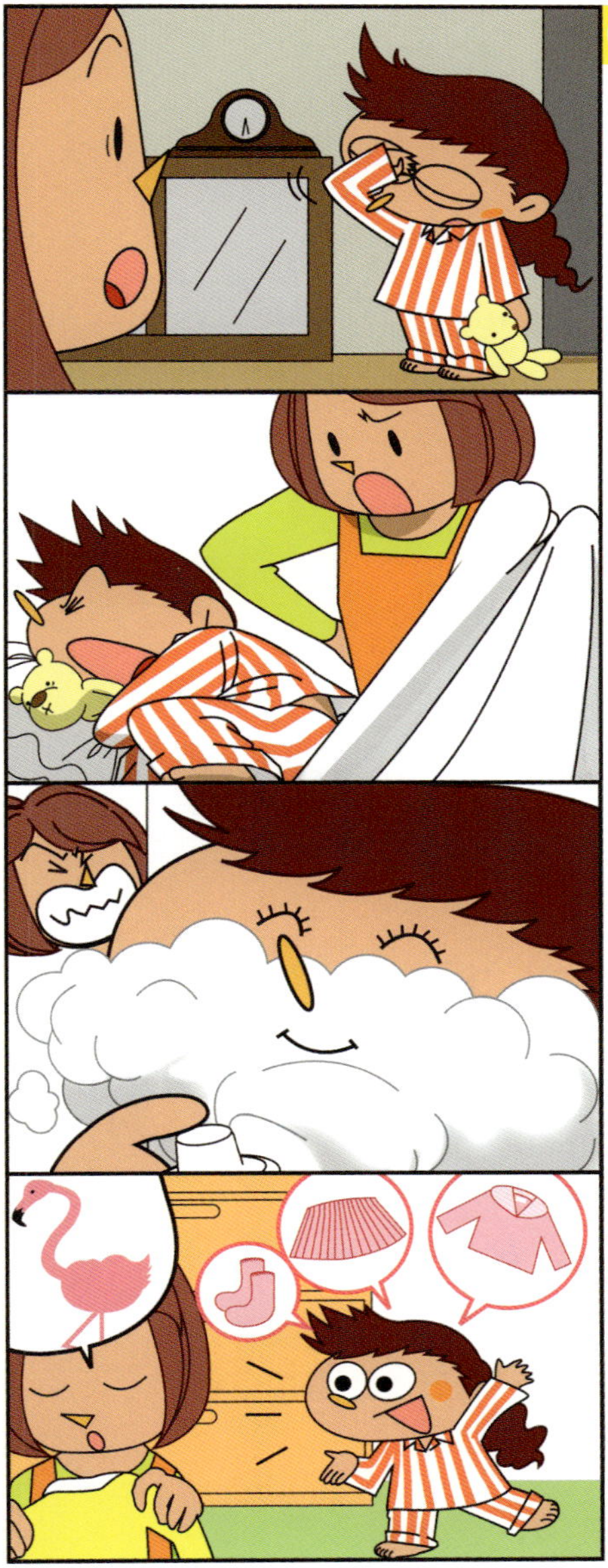

1 Good Morning

Y Mommy...I'm not sleepy anymore.

M But Yuma, it's only 5:30. Go back to bed, even if you can't sleep.

Y Yes, Mommy.

M It's 9:30. Time to get up!

Y But Mommy, I'm still sleepy.

M Don't be silly. You were wide awake four hours ago. Come on. Let's go to the bathroom.

M Yuma! What are you doing ?

Y I'm washing my face. What kind of soap is this, Mommy ? It smells lovely.

M That's not soap! That's Daddy's shaving cream! Please...rinse it off!

M Let's get changed now. What do you want to wear today ?

Y I want to wear my pink shirt, my pink skirt, and my pink socks!

M Yuma, I know you like pink, but you're going to look like a flamingo in clothes like that. Why don't you wear your yellow shirt?

Y All right.

are the colors of the rainbow!

blue and indigo and violet,
you know,

Red and orange and yellow and green,

Blue is the color of the sky and sea.

Green is the color of an iguana.

Yellow is the color of a ripe banana.

Orange is the color of a mandarin.

Red is the color of a siren.

CD 9

16 sixteen	17 seventeen	18 eighteen
19 nineteen	20 twenty	21 twenty-one
22 twenty-two	30 thirty	40 forty
50 fifty	60 sixty	70 seventy
80 eighty	90 ninety	100 a hundred

Exercise 5 CATEGORY WORDS

Numbers

1 one	2 two	3 three
4 four	5 five	6 six
7 seven	8 eight	9 nine
10 ten	11 eleven	12 twelve
13 thirteen	14 fourteen	15 fifteen

CD 8

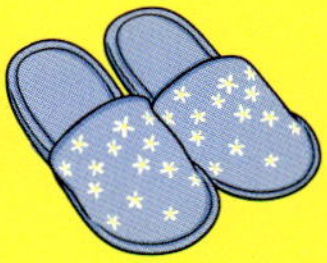
slippers

shoes

sandals

boots

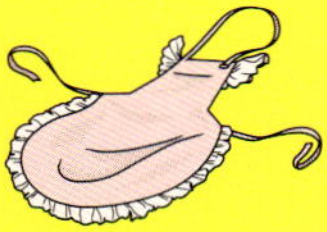
apron

coat

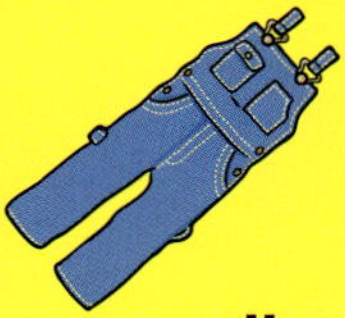
overalls

raincoat

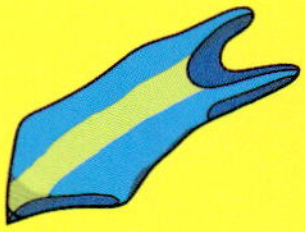
swimsuit

swimming trunks

glasses

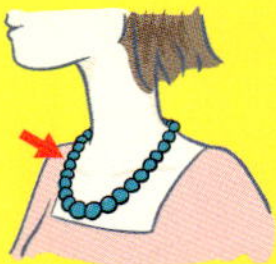
necklace

belt

watch

ring

Exercise 5 CATEGORY WORDS

Clothing

hat

cap

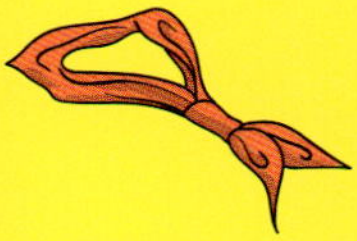

scarf

blouse

shirt

T-shirt

sweater

jacket

dress

skirt

shorts

pants

underpants

socks

panty hose

tiger

monkey

bear

elephant

giraffe

rhinoceros

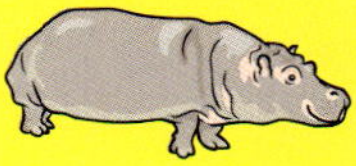

hippopotamus

kangaroo

whale

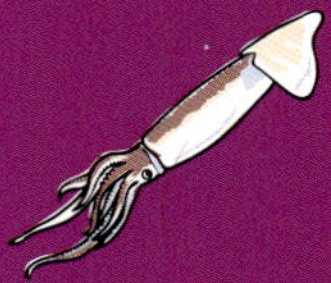

squid

butterfly

ant

grasshopper

ladybug

spider

Exercise

5

CATEGORY WORDS

Animals

dog

cat

rabbit

cow

bird

pig

fish

frog

crocodile

goat

horse

mouse

panda

zebra

lion

Exercise 4

CONCEPT SONG

CD 6

ABC Song

A, B, C, D, E, F, G, H, I, J, K, L,
M, N, O, P, Q, R, S, T, U and V,
W, X, Y and Z,
Now I know my A, B, C's,
Next time won't you sing with me?

Skidamarink a-dink-a-dink, skidamarink a-doo, I love you.
Skidamarink a-dink-a-dink, skidamarink a-doo, I love you.
I love you in the morning and in the afternoon,
I love you in the evening and underneath the moon,
Oh, Skidamarink a-dink-a-dink, skidamarink a-doo, I love you.

11 **I love you in the**

(form a circle with arms above the head)

12 **morning and**

(lean left)

13 **in the afternoon, I love you in the**

(maintain circle above head and sit up straight)

14 **evening and**

(lean right)

15 **underneath the moon,**

(maintain circle above head and sit up straight)

16 **Oh,Skidamarink a-dink-a-dink,**

(place right elbow in left hand and wiggle fingers)

17 **skidamarink a-doo,**

(place left elbow in right hand and wiggle fingers)

18 **I...**

(place right hand on left shoulder and sway left)

19 **love...**

(place left hand on right shoulder and sway right)

20 **you!**

(stretch out arms in front)

Exercise 3

DANCE

Skidamarink

CD 5

1

Skidamarink a-dink-a-dink,

(sit opposite the child, place right elbow in left hand and wiggle fingers)

2

skidamarink a-doo,

(place left elbow in right hand and wiggle fingers)

3

I...

(place right hand on left shoulder and sway left)

4

love...

(place left hand on right shoulder and sway right)

5

you.

(stretch out arms in front)

6

Skidamarink a-dink-a-dink,

(place right elbow in left hand and wiggle fingers)

7

skidamarink a-doo,

(place left elbow in right hand and wiggle fingers)

8

I...

(place right hand on left shoulder and sway left)

9

love...

(place left hand on right shoulder and sway right)

10

you.

(stretch out arms in front)

**This little pig went to market,
This little pig stayed at home,
This little pig had roast beef,
This little pig had none,
And this little pig cried,
"Wee-wee-wee-wee,
I can't find my way home."**

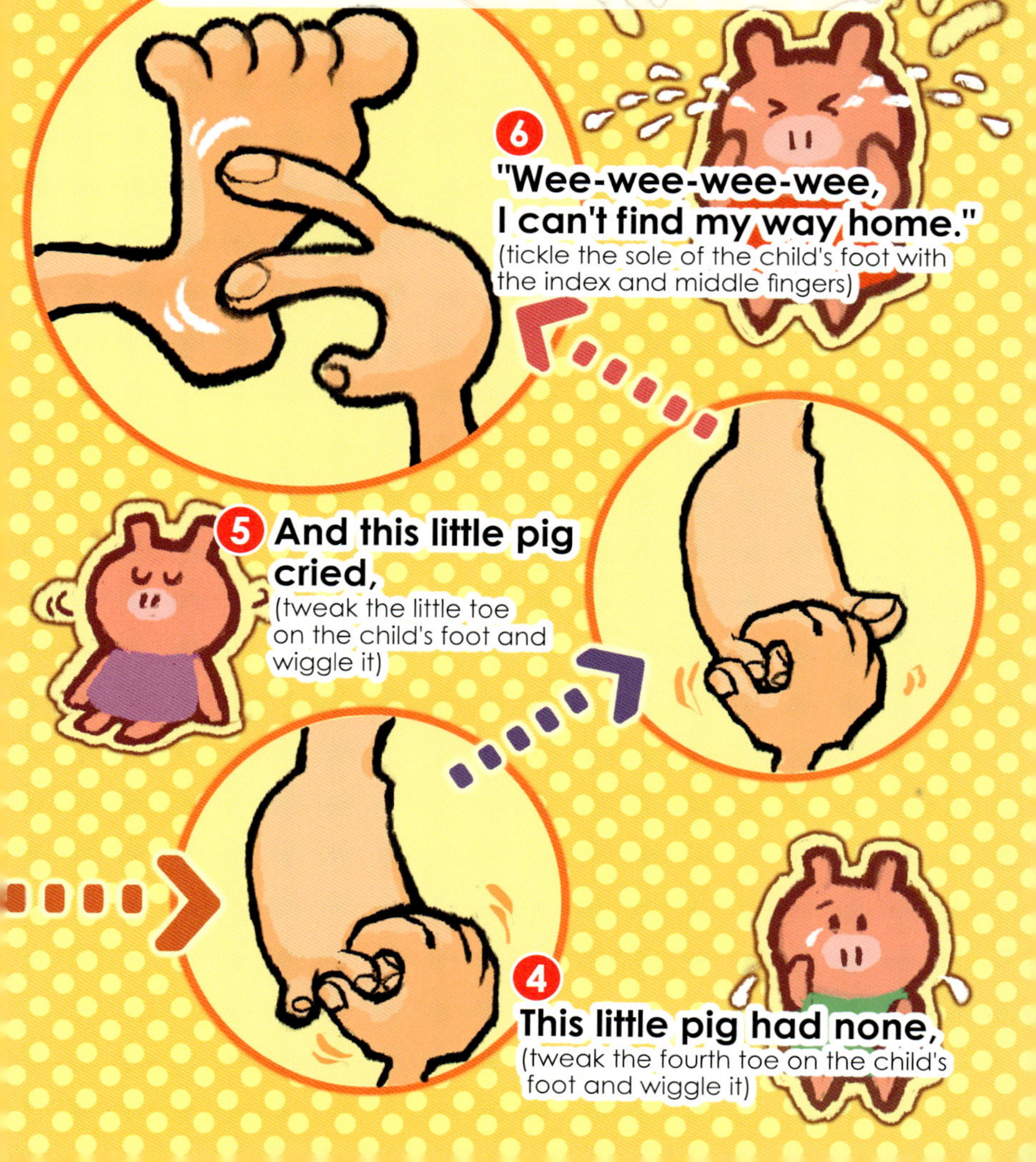

6
"Wee-wee-wee-wee,
I can't find my way home."
(tickle the sole of the child's foot with the index and middle fingers)
5 And this little pig cried,
(tweak the little toe on the child's foot and wiggle it)
4
This little pig had none,
(tweak the fourth toe on the child's foot and wiggle it)

Exercise 2
FINGER PLAY
CD 4

This Little Pig Went to Market

1 This little pig went to market,
(place the child in your lap,
tweak the big toe on the child's foot and
wiggle it)

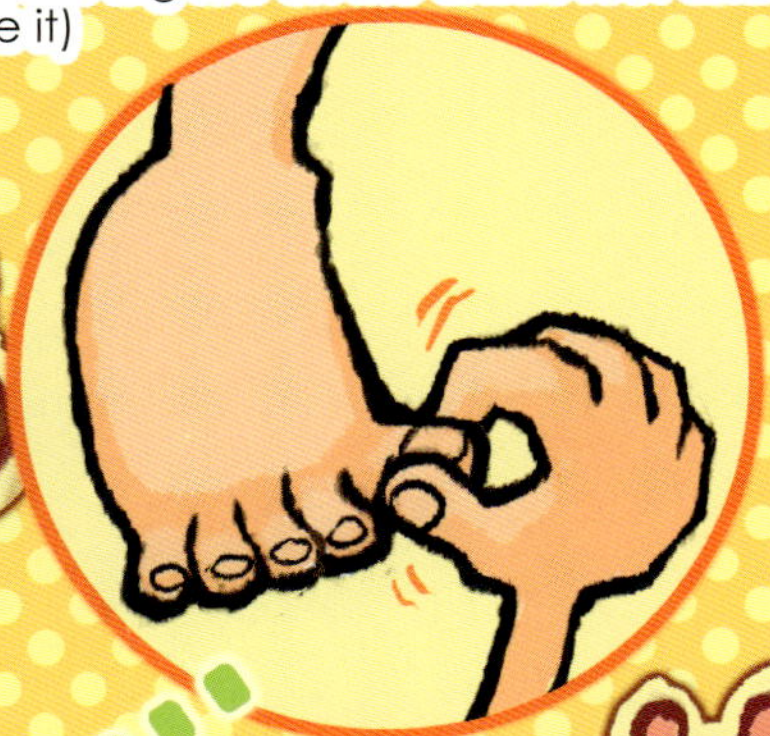

2 This little pig stayed at home,
(tweak the second toe on the
child's foot and wiggle it)

3 This little pig had roast beef,
(tweak the third toe on the child's foot
and wiggle it)

Good-bye Song

CD 3

Good-bye, good-bye, good-bye.
Did you have a wonderful day?
Good-bye, good-bye, good-bye.
Did you have some fun today?
Learning new words,
reading picture books,
writing many, many things.

Listening, speaking, singing,
dancing.
We will see you again.

Exercise 1 SONGS

CD 2

Hello Song

Hello, hello, hello, my friend,
Hello, hello, hello, everyone,
Hello, hello, how are you?
We are all fine, thank you.

Hello, Mommy!